Modellbau-Praxis

Franckh'sche Verlagshandlung
Stuttgart

Wilhelm Bretfeld

Das Bumerang-Buch

Wie man Bumerangs baut, wirft, fängt und warum sie fliegen

Mit 17 Fotos von M. Kunst (11) und S. Kusenberg (6) und 77 Zeichnungen von J. Ehmann nach Vorlagen des Verfassers

Umschlaggestaltung von E. Dambacher unter Verwendung eines Dias von M. Kunst

CIP-Kurztitelaufnahme der Deutschen Bibliothek

Bretfeld, Wilhelm:
Das Bumerang-Buch : wie man Bumerangs baut, wirft, fängt u. warum sie fliegen / Wilhelm Bretfeld. –
Stuttgart : Franckh, 1985.
(Modellbau-Praxis)
ISBN 3-440-05569-8

Das Bild auf Seite 2/3 zeigt Bumerang-„Lichtspielereien“: Dazu wurden einfach Wunderkerzen an einem Arm der Bumerangs befestigt.

Franckh'sche Verlagshandlung, W. Keller & Co., Stutgart / 1985

Printed in Germany / Imprimé en Allemagne
L 9 SN H Ste /ISBN 3-440-05569-8
Gesamtherstellung: Brönner & Daentler, Eichstätt

Das Bumerang-Buch

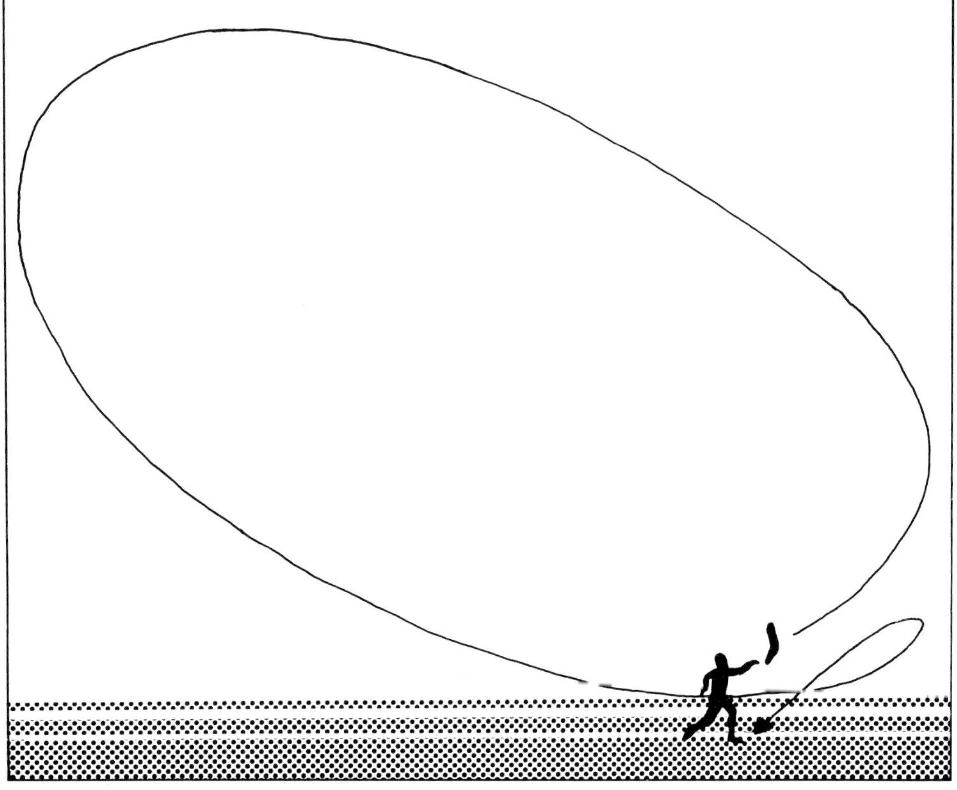

Einleitung

Dieses Buch handelt von einem faszinierenden Wurf- und Fluggerät, das, in grauer Urzeit erdacht und als Jagd- und Kampfwaffe gebraucht, heute in vielen Teilen der Welt weiterentwickelt und zu Sport und Hobby verwendet wird.
Deshalb will es nicht nur eine Anleitung zum Bumerang-Selbstbau geben: Es möchte dem Leser auch den dazu gehörenden Hintergrund erschließen helfen, historische, ethnologische, technisch-wissenschaftliche und aktuell-sportliche Tatsachen und Ereignisse ansprechen. So soll der Leser einen Überblick bekommen über das, was in der Bumerang-Welt geschehen ist und geschieht.

Abgrenzung und Definitionen

Wir werden uns in diesem Buch vor allem mit dem Rückkehr-Bumerang befassen. Es scheint dennoch hilfreich, einige Begriffe vorher abzuklären, die wie folgt zusammenhängen:
Das *Wurfholz* als frühe Fernwaffe des Menschen hat eine verzweigte Entstehungsgeschichte; Wurfhölzer sind mit Sicherheit sehr früh in der Menschheitsgeschichte verwendet worden. Hergeleitet vom einfachen Knüppel, ist das Wurfholz ein geschälter, häufig leicht gekrümmter Stock mit natürlichem (rundem) Querschnitt. Seine Enden sind spezifisch gestaltet: angespitzt, als Griffende, auch beide Enden spitz. Es taucht schon Kannellierung (= Längsfurchung) auf – eine erste aerodynamisch bestimmte Gestaltung? Es gibt Wurfhölzer, die an einem Ende Steingeräte eingeschäftet tragen: dann kann das Wurfholz z. B. auch als Axt verwendet werden. Auch Anschäftungen an beiden Enden kommen vor. Dann wird das Wurfholz zum Mehrzweck-Gerät, zusätzlich verwendbar als Schaber, Bohrer o. ä.

Wurfholz

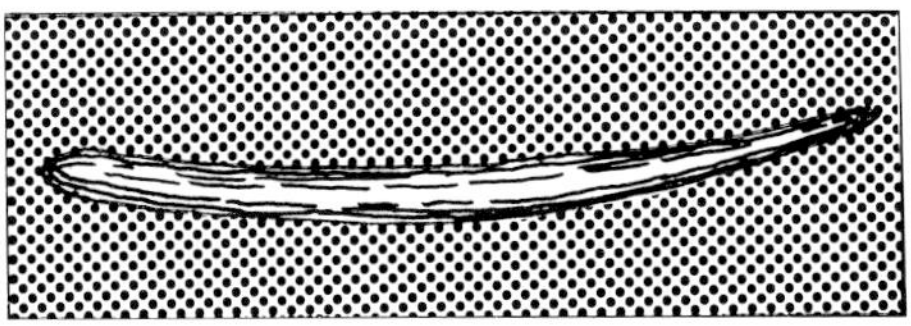

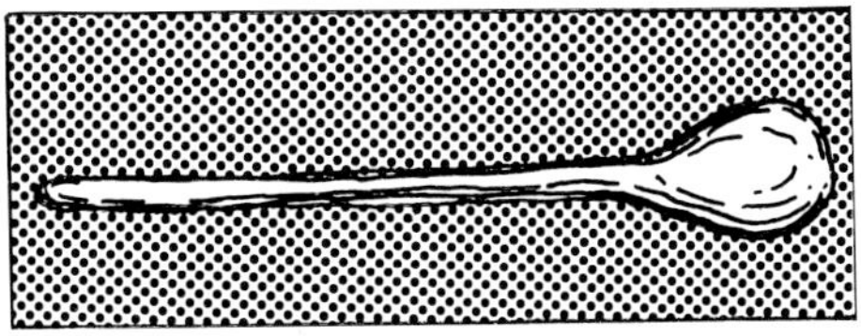

Wurfkeule

Die *Wurfkeule* hat ebenfalls ein längeres, gerundetes Griffstück und ein „knollen"förmiges Ende.
Der *nichtrückkehrende Bumerang* ist ein gekrümmtes Holzgerät mit zahlreichen Variationsmöglichkeiten seiner Umrißform. Bezeichnend für dieses Gerät ist der besonders gestaltete, aerodynamisch bestimmte Querschnitt, das Profil, das häufig bikonvex, aber auch plankonvex geformt ist. Kannellierung der Oberseite ist nicht ungewöhnlich.
Der *Rückkehrbumerang* hat ebenfalls ein ausgeprägtes Profil – in seltenen Fällen mit konkaver, also leicht ausgehöhlter Unterseite, sonst bi- oder plankonvex. Er ist an der deutlichen

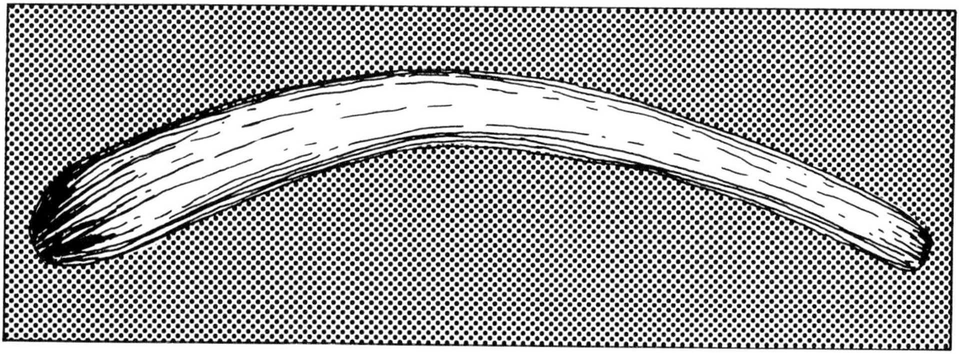
Nichtrückkehrer

Rückkehrbumerang
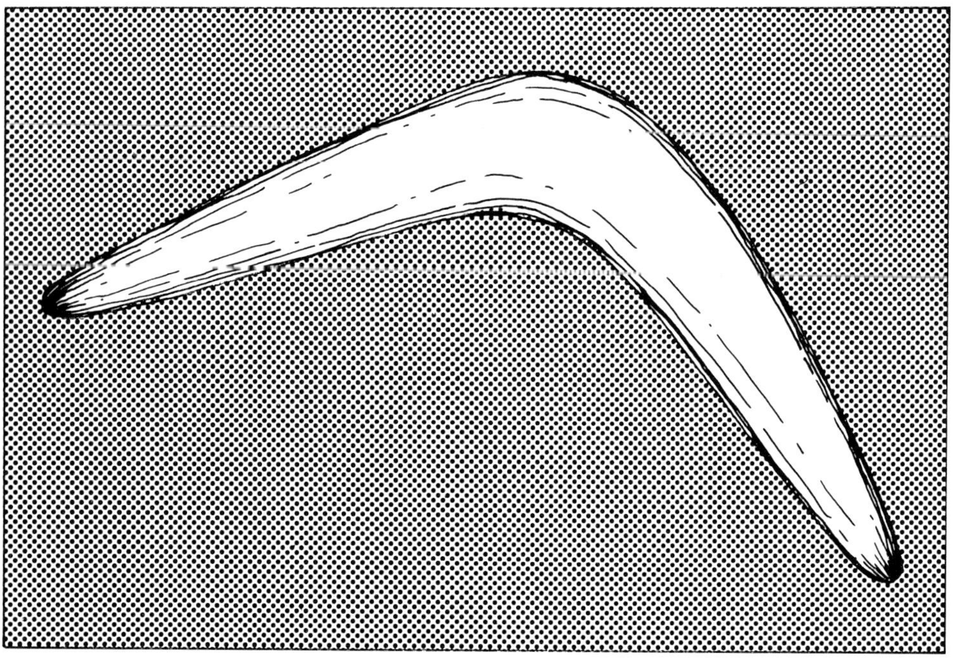

Ellbogenkrümmung erkennbar, die zwischen 120 und 50 Grad beträgt. Richtig geworfen, kehrt er zu Füßen des Werfers zurück.
Der Nichtrückkehr-Bumerang wurde auch als Waffe verwendet, der Rückkehrer seltener.
Es stimmt also nicht, daß ein Aborigine einen Bumerang mit gezieltem Wurf auf ein Beutetier warf, daß bei erfolgreichem Wurf der Bumerang das Beutetier verletzte oder tötete und dann zum Werfer zurückflog. Der Nichtrückkehrer – und nur um ihn kann es sich bei solcher Art Jagd handeln – bleibt in jedem Falle dort liegen, wo er das Beutetier getroffen hat oder treffen sollte. Der Rückkehr-Bumerang ist für die Jagd auf Bodentiere schon deshalb schlecht geeignet, weil er im Zielbereich am höchsten fliegt und bei seiner Rückkehr höchstens dem Jäger gefährlich werden kann. Außerdem: Wenn ein Rückkehrer während des Fluges auch nur einen Ast streift, sodaß seine Rotation gestört wird, fällt er zu Boden. Wie mit Bumerangs dennoch gejagt wurde/wird: Siehe S. 90 ff.

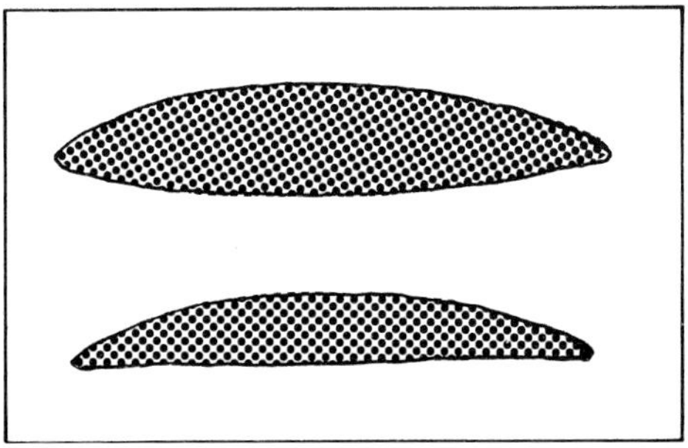

Bikonvexe und plankonvexe Profile

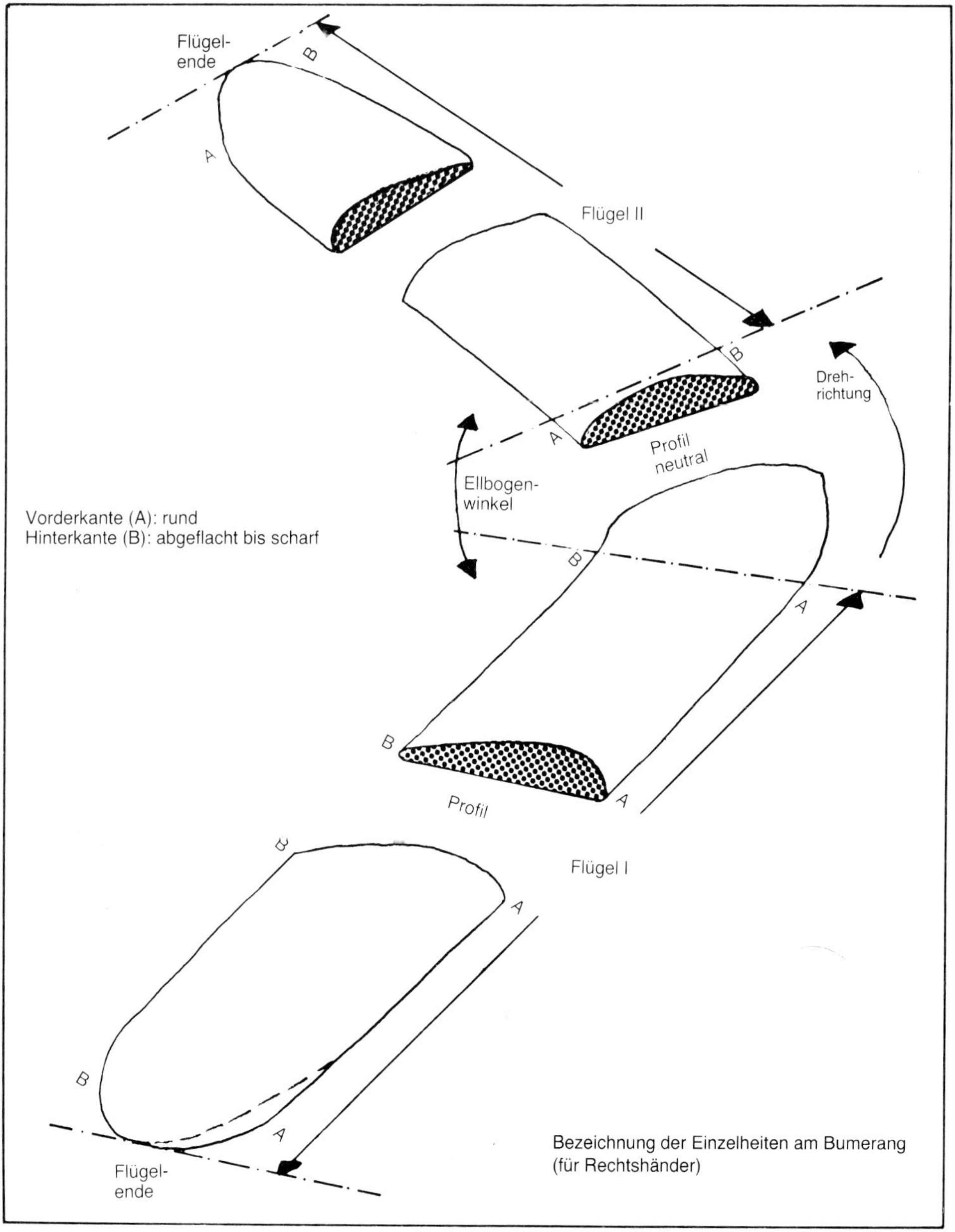

Bezeichnung der Einzelheiten am Bumerang (für Rechtshänder)

Der Selbstbau von Bumerangs

Wenn sie bald – vielleicht nachdem sie diesen Teil des Buches gelesen haben – in die Werkstatt gehen und mit dem Selbstbau beginnen, sind sie einbezogen in eine Überlieferungsreihe, die vor 30000 Jahren begonnen hat. Die äußeren Umstände machen die Herstellung eines Bumerangs sehr viel leichter, aber das Objekt ist das gleiche geblieben. Nicht ein Überlebenskampf zwingt uns zu bauen, sondern Interesse, Neugier, Erwartung treiben uns. Werden wir Freude und Erfolg haben? Ist der Umgang mit Bumerangs wirklich so faszinierend, wie wir bisher angenommen haben? Nun – in einer halben Stunde werden sie es wissen. In einer halben Stunde? Vom ersten Aufzeichnen des Umrisses bis zum ersten Wurf auf freiem Feld? Aber gewiß doch, auch wenn wir gar keine Akkord-Arbeit leisten wollen. Ich habe diese Zeitspanne einmal genannt, um jedem Selbstbauer die Angst vor etwas zu nehmen, was ihm vielleicht besonders kompliziert zu sein scheint. Wenn man den Stellenwert seiner Bau-Tätigkeit nämlich nicht überhöht und mit allerlei Geheimnissen umgibt, muß man offen sagen: Es gibt nichts Einfacheres, als einen Bumerang herzustellen. Man muß nur wissen, worauf es ankommt, und akzeptieren, daß die Arbeit an bestimmten speziellen Bumerangs auch über 50 Stunden dauern kann. Hier gibt es keine Geheimnisse, nur Sachfragen; gelegentlich allerdings wird das Gefühl in Anspruch genommen, besonders beim Entwerfen neuer Formen.

Ich will im folgenden anleitend berichten, wie ich zur Zeit Bumerangs baue und welche Sachfragen dabei abzuklären sind. Auch variierende Arbeitsmöglichkeiten werden mit angesprochen; denn es ist wichtig, daß der Bumerangbauer sich vor Einseitigkeit hütet. Vielseitigkeit bleibt wichtig, auch wenn man zunächst von einer Bauweise ausgeht.

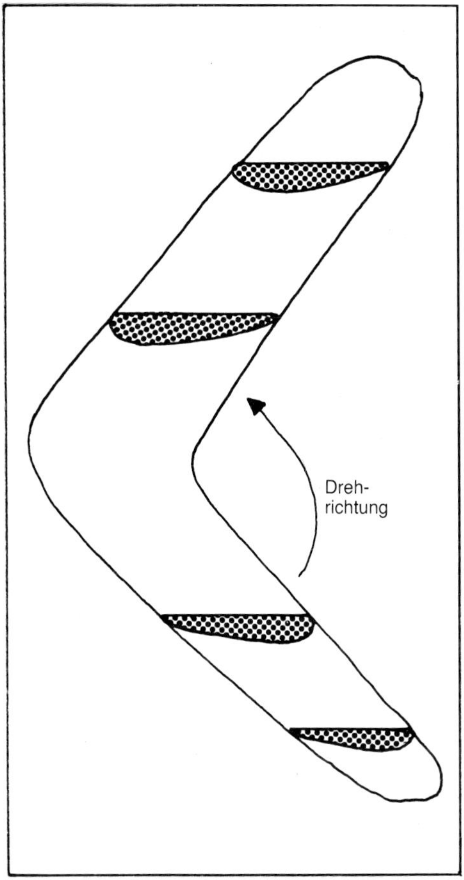

Ein Linkshänder-Bumerang: Er ist genau spiegelverkehrt zum Rechtshänder-Bumerang konstruiert

Achtung! An die Linkshänder unter unseren Lesern! Alle Erklärungen, Zeichnungen usw. gelten für Rechtshänder. Ein rechtshandiger Bumerang dreht gegen den Uhrzeigersinn und fliegt seinen Kreis links herum. – Linkshänder müssen genau andersherum (spiegelverkehrt) bauen. Ihr Bumerang dreht im Uhrzeigersinn. Sein Kreis geht rechts herum.

Auswahl des Materials

Ich baue meine Bumerangs vor allem aus Sperrholz, dem heute in aller Welt am häufigsten verwendeten Material. Jeder Fachmann wird sofort fragen: Ja, aber welches Sperrholz? Sperrholz ist doch ein Sammelbegriff für sehr unterschiedliches Material. Das gemeinsame Merkmal ist doch nur, daß es aus mindestens 3 Schichten besteht, die nach der Maserung kreuzweise übereinander verleimt sind. Ganz recht; deshalb müssen Unterschiede und ihre Vor- und Nachteile für den Bumerangbau kurz behandelt werden. Bei der Auswahl von Sperrholz kommt es auf folgende Faktoren an: 1. Spezifisches Gewicht, 2. Bruchfestigkeit, 3. Elastizität. Für den durchschnittlichen Gebrauchsbumerang erfüllt für mich finnisches Birkensperrholz, 2 Schichten auf 1 mm, die genannten Voraussetzungen am besten. Welche Schwierigkeiten es bei der Beschaffung geben kann, möchte ich hier nur andeuten. Ein bekannter Holzimporteur führt das beschriebene Holz nur in Stärken bis 3 mm ein. Größere Stärken erfordern komplizierte Sammelbestellungen (Mindestabnahme!) mit Lieferfristen. Man kann sich auch helfen, indem man zwei Platten zu der gewünschten Stärke zusammenleimen läßt, insgesamt eine unerfreuliche Verteuerung des Materials. In Hamburg habe ich einen Importeur entdeckt, der das genannte Holz bis 5 mm Stärke liefert und auch versendet. Es wird in Platten von etwa 1,50 mal 1,50 m geliefert. Aus Preisgründen empfiehlt es sich immer, eine ganze Platte abzunehmen – das gilt für alle Sperrholzarten; denn vorgeschnittene Kleinplatten in Bastelgeschäften können teurer sein als eine 2,25 m² große Platte. Ein zweites für den Normal-Bumerangbau (was immer das ist) geeignetes Material fand ich im Buchensperrholz für den Gußmodellbau. Es wird in Platten von 4 mm Stärke an geliefert. Dieses Material ist im ganzen härter, weniger elastisch, etwas schwerer als Birkensperrholz und sehr bruchfest.

Weniger gute Erfahrungen habe ich mit Bootsbau-Sperrholz gemacht. Trotz bester Klassifizierung schien mir die Bruchfestigkeit des Materials allzu gering.

Erst seit mir der Amerikaner Ben Ruhe vor kurzer Zeit einen „Oregon Hat"-Bumerang zugeeignet hat, beginne ich mich wieder mit leichterem, wenn auch weniger bruchfestem Sperrholz zu befassen. Der besagte Oregon Hat ist aus 6 mm starkem Fünfschichten-Holz – Gabun oder Mahagoni – gebaut, und das Material ist wesentlich leichter als Birkensperrholz. Das Flugergebnis ist verblüffend: Der verhältnismäßig leichte Bumerang kommt auch bei Wind zuverlässig zurück. (Er ist mein „Sicherheits"-Bumerang geworden, weil ich ihn – fast – immer fange). Was wunder, daß ich mich wieder nach Sperrholzarten mit leichterem spezifischem Gewicht umsehen. Dabei fand ich sogar heraus, daß es Balsa-Sperrholz gibt. Der daraus gefertigte Bumerang ist jedoch ein Stück für Windstille oder für den Saal.

Für „Saalbumerangs" verwende ich „massives" Balsaholz, das im Handel in 10 cm breiten Streifen in jeder gewünschten Stärke zu erhalten ist. Balsa-Kreuzbumerangs oder Balsa-Dreiflügler haben allerdings so kleine Drehkreise, daß man nach dem Abwurf sofort fangen muß. Massives Balsaholz, das übrigens in unterschiedlichen Härtegraden angeboten

Bumerang aus Makrolon

wird, ist zwar extrem leicht, aber es ist spröde und bricht deshalb leicht, schon, wenn man ungeschickt fängt. Auch kann seine Großporigkeit Probleme bei der abschließenden Oberflächenbehandlung verursachen.

Wer mit unzerbrechlichem Material arbeiten will – das ist für den Anfang gar nicht so schlecht, denn dann gibt es kein Kleinholz – sollte zu *Makrolon* greifen. Makrolon ist ein unzerbrechliches Plexiglas und wird in Platten nach Aufmaß verkauft. Weil das Material nicht billig ist, empfiehlt es sich, die Anordnung der herzustellenden Bumerangs auf der Platte genau vorzuplanen. Dabei ist von Vorteil, daß man sich an keine Maserung halten muß. Wählen sie unbedingt eine Stärke von 4 mm, denn der normal große Bumerang aus 3 mm wird zu „weich"; aus einer 5 mm – Platte wird er zu schwer. Die von der Herstellerfirma herausgegebene Materialbeschreibung verbietet das Feinschleifen des Materials. Makrolon verarbeitende Firmen haben dennoch Schleifverfahren entwickelt, so daß man auf jeden Fall ein hochglanzpoliertes, „gläsernes" Gerät herstellen kann, das dann aber doch mit Verzierungen wieder sichtbar gemacht werden muß; außerdem zerkratzt das Material nach längerem Gebrauch. Man müßte also eine Überzugstechnik entwickeln, die den Bume-

rang auf Hochglanz beläßt. Auf jeden Fall ist so etwas sehr „schick“.
Auch leichtes *Aluminium* wird für den Bumerangbau verwendet. Man wählt Stärken bis zu 3 mm. Für mich ist das ein „zweischneidiges“ Material im wahren Sinn. Bumerangs aus diesem Material können außerordentlich gefährliche Instrumente sein, gegen die ein australischer Hakenbumerang vergleichsweise harmlos ist. Das gilt bestimmt für ein von mir in meiner Anfangszeit gebautes Gerät. Ich hatte gelesen, daß Aluminium-Bumerangs gebaut

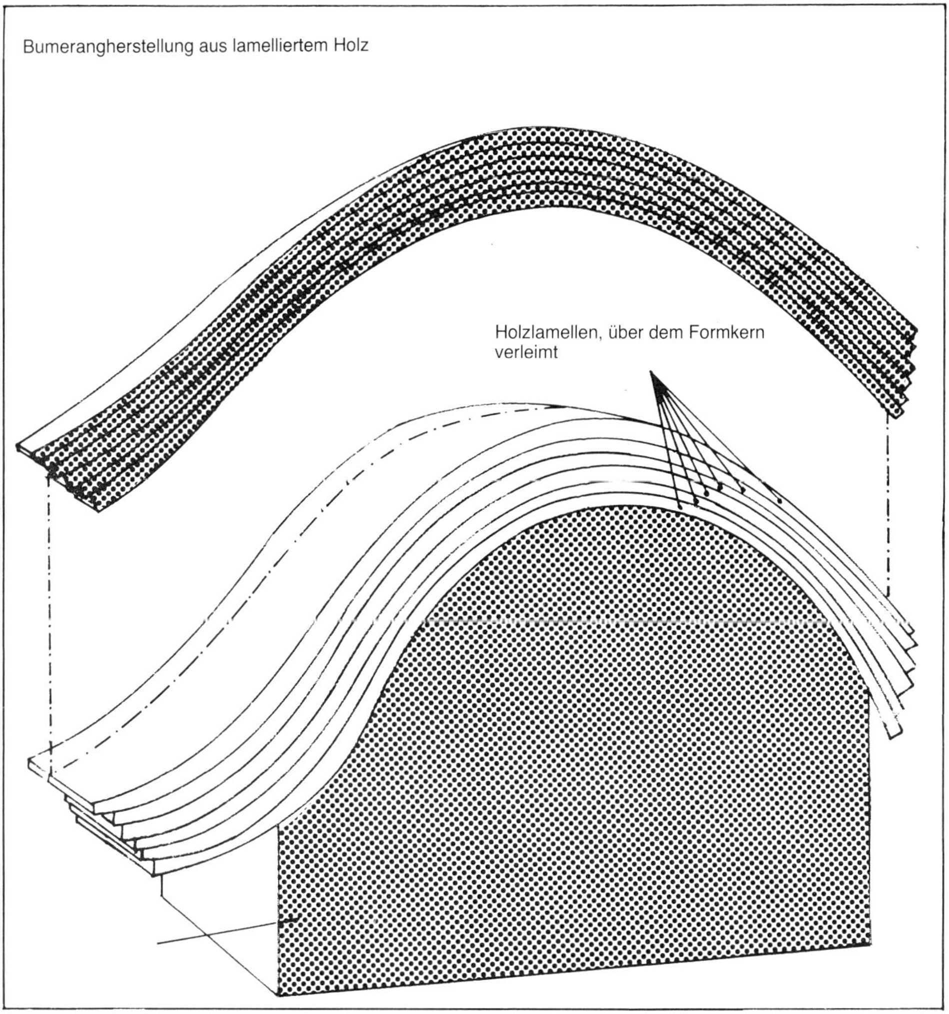

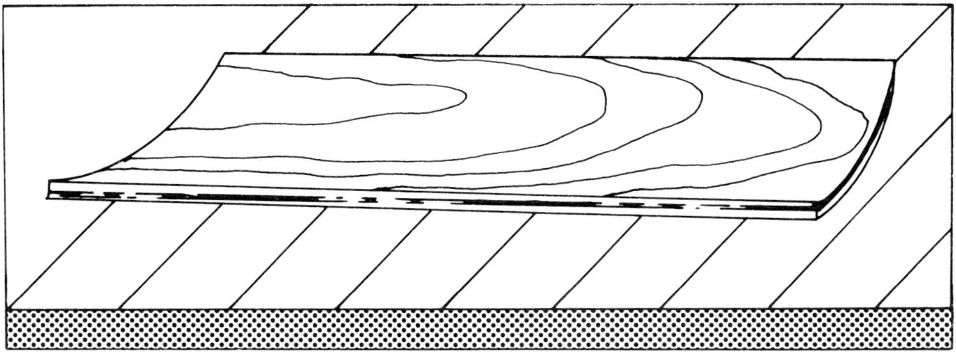

Auflegen der Sperrholzplatte: nicht „Berg", sondern „Schüssel"

worden sind; also erwarb ich eine Platte aus 3 mm Aluminium-Blech und schnitt mir einen mächtigen 55 cm-Bumerang aus, feilte die Flügelnase scharf-rund, die Hinterkante schärfer – wie für ein flaches Profil nötig, und ging aufs Feld. Jawohl, er flog, und wenn er nah zurückkam, konnte ich ja beiseite springen. An Fangen war für mich damals ohnehin nicht zu denken. Nachteilig war auch, daß sich der Bumerang bei harten Landungen leicht verbog, was ja aber ebenso leicht korrigierbar war. Nachdem ich ihn an einer Steilküste im Aufwind erproben wollte und er nach oben auf einen Weg schoß, den Spaziergänger bevorzugen, habe ich ihn erst einmal in die Ecke gepackt. Erst später erfuhr ich, daß der Aluminium-Bumerang, von dem ich gelesen hatte, ein kleiner Achtflügler war.
Meine Warnung gilt natürlich nicht grundsätzlich, so z. B. nicht für den „Boomalum", einen Aluminium-Hook eines amerikanischen Herstellers. Ich werde selbst bald wieder ein Stück aus Aluminium bauen, um bestimmte Flügelbiegungen leichter ausprobieren zu können. Aber ich werde die Vorderkanten bestimmt schön sanft runden.

Besonders verdrehungssteife Bumerangs baut man aus lamelliertem Holz. Zwei bekannte Hersteller dieser Bauweise sind der Amerikaner Al Gerhards und der Engländer Adrian Green mit seinem „Bakwood". Lamellierte Bumerangs tragen – verglichen mit Sperrholz – ihre Schichten gewissermaßen um 90 Grad verdreht. Über einen Kern, der der Innenform des Bumerangs entspricht, werden millimeterdünne Holzschichten übereinander geleimt.

Aufzeichnen des Umrisses

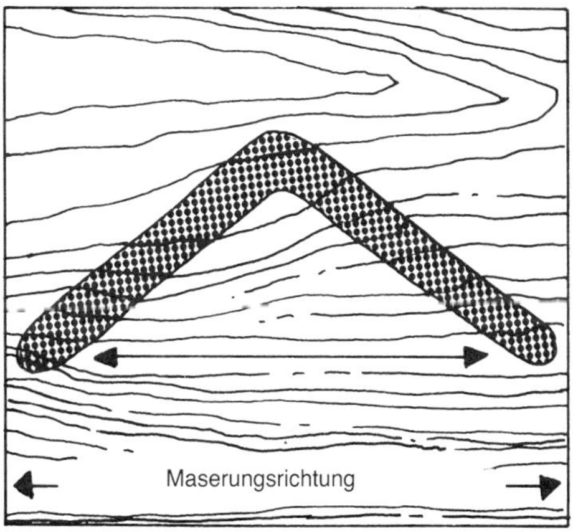

Nach dem Trocknen kann man sich dann die Bumerangs als Scheiben in der gewünschten Stärke abschneiden.
Doch nun zurück zu unserer 5 mm Sperrholzplatte, die wir erworben haben und aus der wir unseren ersten Bumerang fertigen wollen. Es beginnt mit einigen wichtigen Kleinigkeiten. Bevor wir den Umriß aufzeichnen, sehen wir uns unsere Platte an: Keine Sperrholzplatte ist nämlich genau plan – ein Vorteil, denn wenn wir die Unebenheit richtig ausnutzen, wird der Rückkehrflug unseres Bumerangs aufs Angenehmste gefördert. Nutzen wir diesen Vorteil nicht bewußt, taucht unser fertiger Bumerang immer wieder weg, und sein Erbauer gerät leicht in Verzweiflung. Deshalb: Legen sie die Platte zum Aufzeichnen richtig herum! Die konvexe Seite muß unten liegen. Die Kanten der Platte liegen dann ein wenig höher als die Mitte. Die Platte ist „Schüssel", nicht „Berg". Ein zweiter Hinweis dient der Zuordnung von Bumerang-Umriß und Maserung. Sie sollten den Bumerang-Umriß mit weichem Bleistift so auf die Platte aufbringen, daß die Holzmaserung von Flügelspitze zu Flügelspitze zeigt. Das bringt zwei Vorteile: 1. ist die Bruchfestigkeit am Ellbogen größer, 2. ergibt sich eine

Die Umrisse ineinanderzeichnen

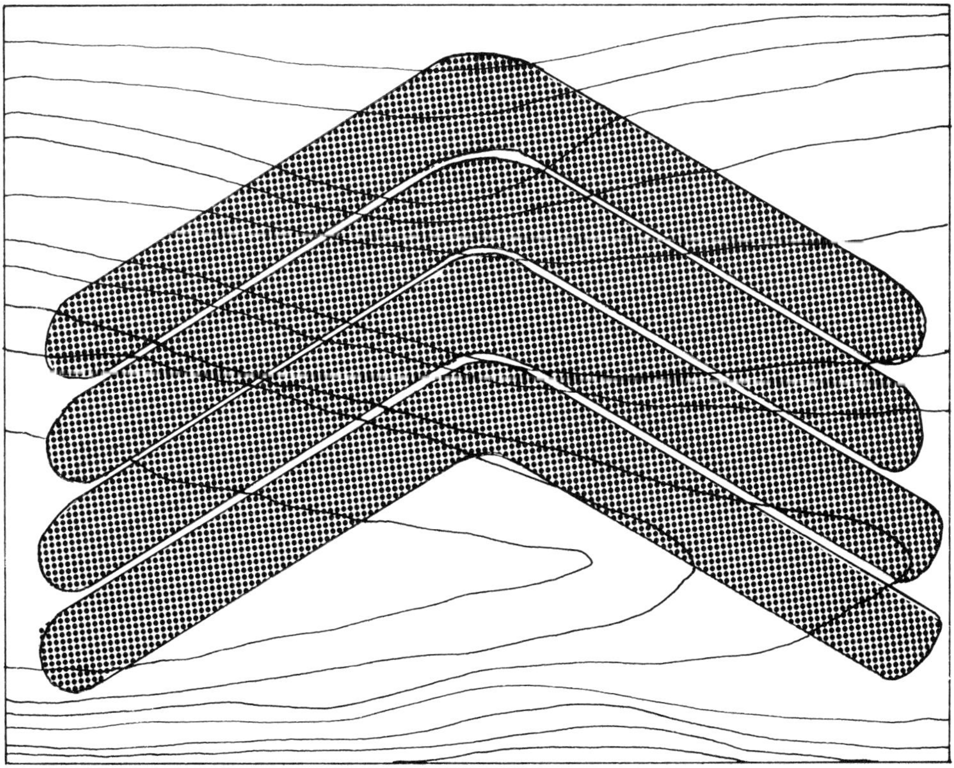

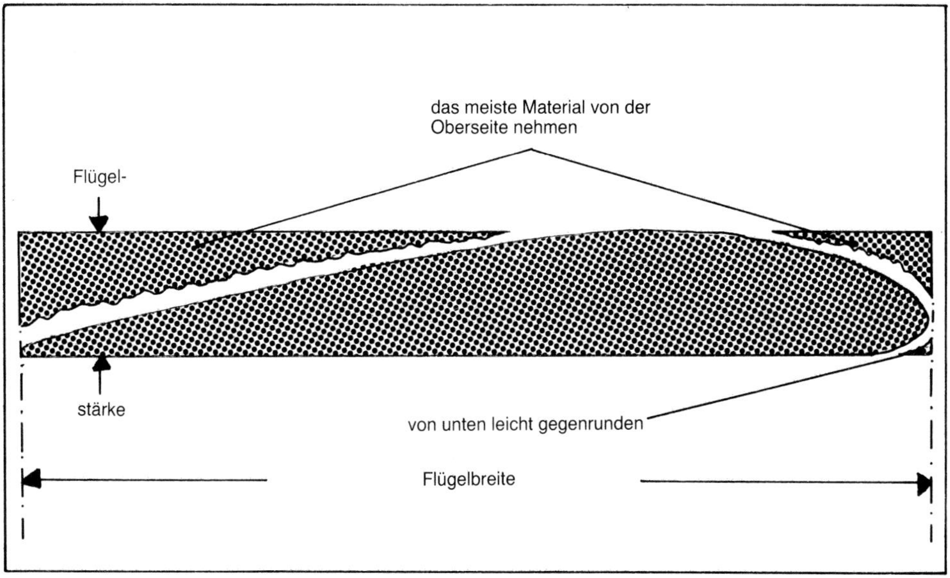

Zurichten der Form

unschätzbare Erleichterung, wenn sie beim Erproben oder gar beim Wettkampf den Bumerang draußen von Hand leicht biegen müssen: Wenn man die Flügelenden nach oben biegt, hebt sich gleichzeitig die Vorderkante des gebogenen Endes ein wenig. Das verstärkt den gewünschten Effekt.

Aufbringen des Umrisses

Natürlich achtet man darauf, daß möglichst wenig Abfall entsteht. Wenn man eine Anzahl von Bumerangs mit gleichem Umriß benötigt, sollte man sie unter Berücksichtigung des Sägeschnitts „ineinander“ zeichnen. Man kann den Umriß auf verschiedene Weise gewinnen. Besitzt man einen Bumerang, den man kopieren will, legt man ihn entsprechend auf die Platte und fährt mit dem Bleistift einmal herum. Oder man hat eine maßstabsgerechte Zeichnung. Da schneidet man den Umriß aus und verfährt wie eben beschrieben. Häufig sind die Baupläne, die man zur Verfügung hat, verkleinert. Da lohnt sich dann eine sorgfältige Übertragung mit Zirkel, Lineal, Reißschiene, Kurvenlineal und Winkelmesser.

Aussägen der Form

Man läßt, wie beim Sägen üblich, den Bleistiftstrich stehen. Ich verwende zum Sägen eine Elektro-Stichsäge, jedoch mit einem Sägeblatt für Metall. Das macht zwar die Schnittgeschwindigkeit kleiner, aber dafür wird verhindert, daß die obere Sperrholzschicht stark ausreißt – ein Vorgang, der bei Verwendung von Holzsägeblättern nur durch Überkleben der Schnittlinie mit Klebeband vermieden werden kann. Das Verfahren ist mir zu umständlich.
Natürlich wird der Arbeitsablauf bestimmt vom Werkzeug, das man zur Verfügung hat.

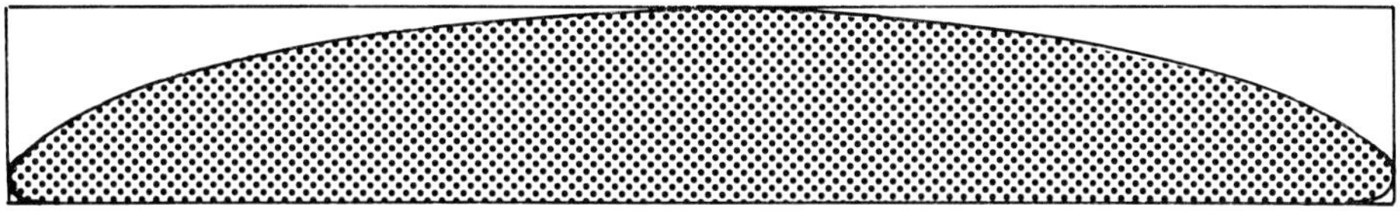

Das Profil am Ellbogen ist neutral geformt

Aber es sind alle Sägen geeignet, mit denen man enge Kurven schneiden kann: Laubsäge, Dekupiersäge, Bandsäge, Schweifsäge (= Bügelsäge mit sehr schmalem Sägeblatt).

Die Form ausgleichen

Ich muß die Ungenauigkeiten des Sägeschnitts – wenn sie denn entstanden sind – so beseitigen, daß die geraden Kanten wirklich gerade werden und die Rundungen wirklich gerundet sind. Mit einer Handschleifmaschine ist das schnell geschafft. Sonst verwendet man Schwingschleifer, Hobel, Raspel oder Feile.

Ausformung des Profils

Wir gehen von einem Normalprofil aus und stellen fest, daß das meiste Material von der Oberseite des Rohlings abgenommen werden muß. Vorn oben wird sauber abgerundet, hinten oben wird stark abgeflacht, der Ellbogen soll vor allem bruchstabil bleiben und wird – auch aus noch anderen Gründen – neutral geformt. Die beiden Vorderkanten werden von der Unterseite aus noch leicht gegengerundet. Man kann vor der Ausformungsarbeit eine Hilfslinie auf der Oberseite auftragen.

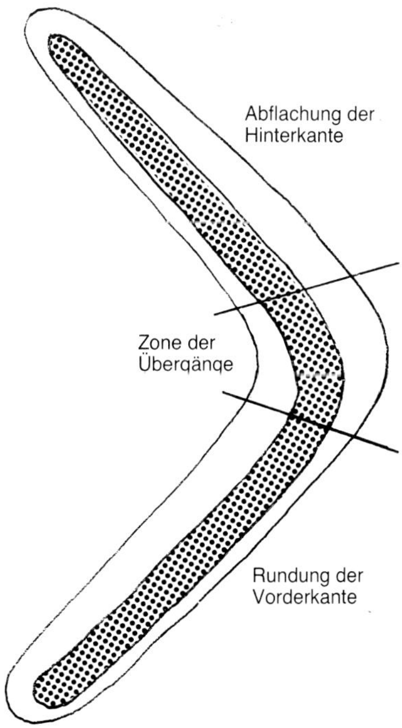

Rohling mit Hilfslinien

Formarbeit waagrecht

Besonders am Anfang der Selbstbauzeit erreicht man so Sorgfalt und eine gewisse Sicherheit.

Für diesen wichtigsten Teil der Arbeit möchte ich doch auf die drei möglichen, sich stark unterscheidenden Arbeitsweisen aufmerksam machen:

– Formarbeit mit Schleifband und Schwingschleifer

Ich halte den Rohling in der linken Hand (Schutzhandschuh!) und nehme mit der Schleifmaschine – grobes Schleifband – das überflüssige Material weg. Vorsichtig schleifen. Das Material wird sehr schnell abgeschliffen, Verformungen sind möglich, wenn zuviel Material abgenommen wurde. Wenn der Rohling nun sein Profil grob angeschliffen bekommen hat, wird er mit drei Schwingschleifern weiter ausgeformt und feingeschliffen. Schwingschleifer Nr. 1, 40er Schleifpapier, kommt zuerst zum Einsatz. Ich lege den Rohling so auf den Tisch, daß die zu bearbeitende Kante leicht über die Tischkante hinausragt und forme so das Profil feiner aus. Eine festgespannte Textilunterlage ist günstig, weil die Bumerang-Unterseite leicht von abgefallenen Schleifpapier-Körnern verschrammt wird. Der Schwingschleifer 2 hat 80er Schleifpapier. Mit ihm wird die Profilform vollendet. Es lohnt sich, mit dem Bumerang noch einmal an einen Platz mit gutem Licht zu treten, damit man die kleinen Ungenauigkeiten, die zu beseitigen sind, auch wirklich findet. Ein erster Fein-

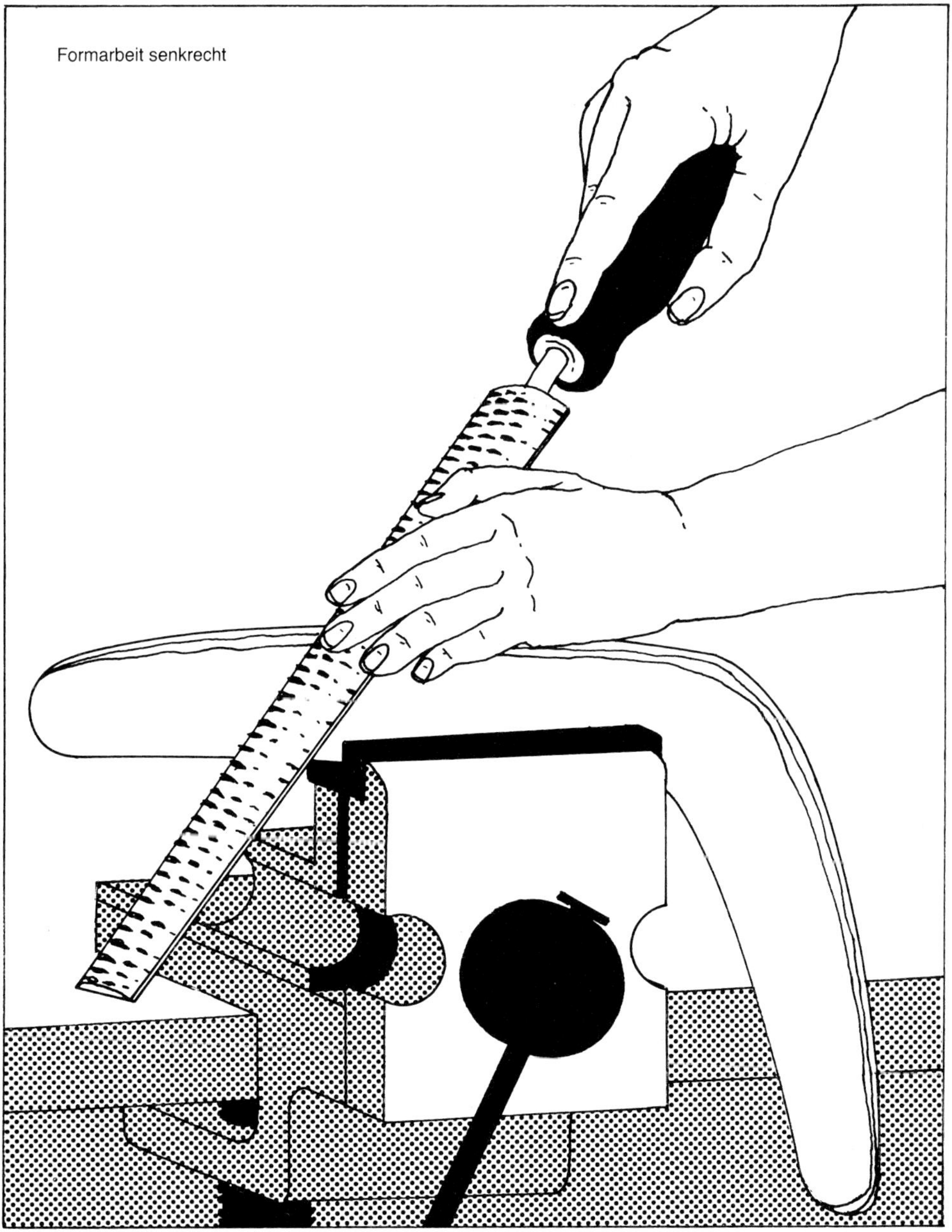
Formarbeit senkrecht

schliff mit Schwingschleifer 3 (180er Papier) beendet diesen Arbeitsgang. Natürlich kommt man mit einem Schwingschleifer aus, wenn man das Papier mit der unterschiedlichen Körnung entsprechend wechselt. Ich brauche nicht zu betonen, daß die Arbeit mit solchen Geräten ein Vergnügen ist, weil sie ohne körperliche Anstrengung getan werden kann und sehr schnell den Arbeitserfolg sichtbar werden läßt.
– Formarbeit mit Hobel, Raspel, Feile und Sandpapier waagerecht
Ich benötige einen kleinen Tisch und kann das zu bearbeitende Stück so mit Klammern oder Zwingen festlegen, daß es wenige Millimeter über die Tischkante hinausragt. Das Ausformen des Profils kann nun – von grob nach fein – vorgenommen werden. Die Arbeit im Sitzen erleichtert die häufig notwendigen Kontrollblicke. Man beginnt mit dem Surform-Hobel o. ä.; es folgen Raspel, grobe Holzfeile, Putzkorken mit Sandpapier von immer feiner werdender Körnung.
– Bei der Arbeit mit dem senkrecht einzuspannenden Stück benötige ich einen Schraubstock zum Festlegen des Rohlings.
Abschließend zu diesem Arbeitsgang: Sie werden bemerken, daß sie einen „Kontrolleur" im Holz haben, der stets präsent ist. Er „überwacht" quasi die Sauberkeit ihrer Arbeit. Er ist unbestechlich; seine Signale sind nicht zu übersehen: Es ist die Linienzeichnung, die durch die einzelnen Holzlagen und ihre Leimfugen entsteht. Laufen alle Linien der Umrißform entsprechend parallel bzw. konzentrisch, war ihre Arbeit sauber und korrekt. Zeigen sie einen unregelmäßigen Verlauf, können sie das entweder korrigieren oder sich daran ärgern, solange sie den Bumerang besitzen. Manche Bumerangbauer ersparen sich diesen Anblick, indem sie ihren Bumerang farbig lackieren. (Mit dieser Bemerkung ist natürlich nicht gemeint, daß alle lackierten Bumerangs unregelmäßig gearbeitet sind!)

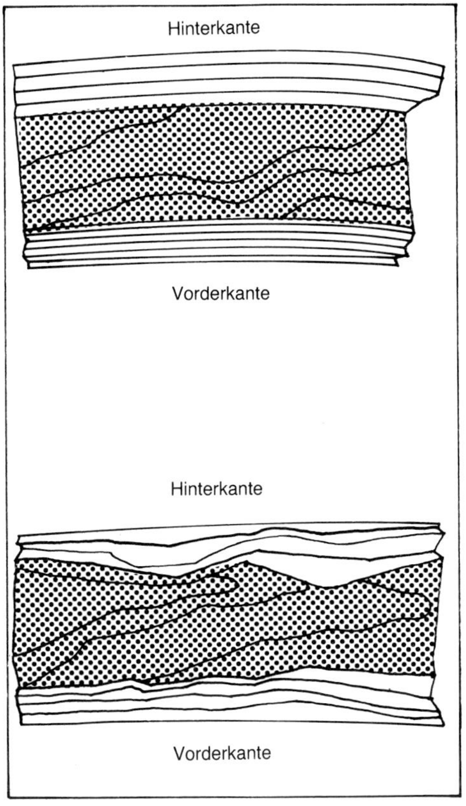

Zwei Abschnitte eines Bumerangarms

Oben: vierschichtiges Holz, sauber bearbeitet, die Leimfugen sind parallel.

Unten: ungleichmäßig bearbeitet, Leimfugen nicht parallel.

Oberflächenbehandlung

Nach dem Feinschleifen den Bumerang gut ausbürsten (!) und mit Holzgrund (Einlaßgrund) einstreichen. Wollen sie jedoch mit farbiger, lasierender Holzbeize färben – die Maserung bleibt bei dieser Art der Oberflächenbehandlung durch die Färbung hindurch

erkennbar – müssen sie die Beize vor der Grundierung auftragen und nach dem Trocknen grundieren. Nach dem Trocknen der Grundierung erneut leicht zwischenschleifen. Der Bumerang ist jetzt zum Einfliegen bereit. Es empfiehlt sich, vor dem Einfliegen Enden und Ellbogen, besonders Kanten und Unterseite, mit schnell trocknendem Lack oder Klebeband vor dem Verschmutzen zu schützen. Der Humusboden des Rasens dringt sonst zu tief in die Holzporen ein und macht die spätere Reinigung schwierig.
Wenn der Bumerang eingeflogen ist, sollte man seine Oberfläche abschließend behandeln.
Im Bumerangbau sind unterschiedliche Verfahren für die abschließende Oberflächenbehandlung möglich. Zum Färben und Schmükken kann man verwenden: wasserlösliche Holzbeize (lasierend), Farbstifte, Acrylfarben (wasserlöslich), farbige Lacke. Weiterhin werden verwendet: farblose Lacke (Klarlack, Bootslack, Nitrolack, DD-Lack), Nitro-Ballen-Politur, Schellackpolitur und verschiedene Wachse als Finish, wie etwa Bohnerwachs, Bienenwachs, Antik-Öl, Schuhcreme oder Autowachs. Al Gerhards hat sogar ein Verfahren entwickelt, das den Bumerang vollständig mit einem Fahrradschlauch-Gummi überzieht. Den eigenen Ideen sind auch hier keine Grenzen gesetzt. Jedoch sollte man sich darüber klar werden, wieviel Zeit man für Verzierungen, Hochglanzpolituren u. ä. verwenden will. Ich baue lieber einen neuen Bumerang, ehe ich allzuviel Zeit auf das Oberflächendesign verwende.
Einige Grundsätze sollte man aber unbedingt beachten, damit man sich nicht über mißlungene oder doppelte Arbeit ärgern muß:
1. Prüfen sie vorher an einem Probestück, ob Farbstifte, Farben, Überzugslacke miteinander harmonieren, damit nichts verläuft, was schon gestaltet war.

Rechte Seite: Beispiele für Original-Verzierungen.

2. Muster sollten nur auf porendichtes Holz, also nach der ersten Grundierung und dem darauffolgenden Zwischenschliff aufgebracht werden.
3. Man sollte den Zweck der Oberflächenbehandlung nicht aus dem Auge verlieren: Die Versiegelung gegen Wasser und Schmutz.
Ich belasse meine Bumerangs fast immer in Naturholz, „baue" die üblichen Lackschichten „auf", wie es in der Fachliteratur heißt, also grundieren, Zwischenschliff, lackieren (im Augenblick bevorzuge ich einfachen Klarlack aus dem Warenhaus), lackieren, mit Wachs abpolieren. Wenn ich den Bumerang färbe, verwende ich Lasur-Beize oder Acrylfarbe, die wasserlöslich ist, natürlich nicht mehr nach dem Trocknen.
Habe ich ihn naturbelassen, umklebe ich ihn an einer oder zwei Stellen mit farbigem Isolierband (z. B. Tesaflex) oder farbigem Tesa-Band.
Noch eine Bemerkung zum Aufbau der Lackschicht: Der Bumerang-Bauer Tony Slater aus England schleift abschließend naß mit 1200er Körnung. Seine Bumerang-Oberflächen werden so glatt, daß jedermann meint, er habe es mit einem Kunststoffbumerang zu tun. Jedoch umwickelt er sie im Verlauf der Oberflächenbehandlung einmal mit feinem Flugmodell-Bespannpapier, weil anders das Holz nicht porendicht wird. Ich vermute, daß Tonys Weltklasse – Erfolge im Langfliegen mit den hervorragend glatten Oberflächen seiner Bumerangs zu tun haben.
Einige Erfahrungen im Umgang mit Lacken:
1. Wenn man geschliffene Stücke vor der nächsten Lackierung nicht sorgfältig ausbürstet, gelingt keine glatte Oberfläche.
2. Lackieren und Trocknen muß in einem

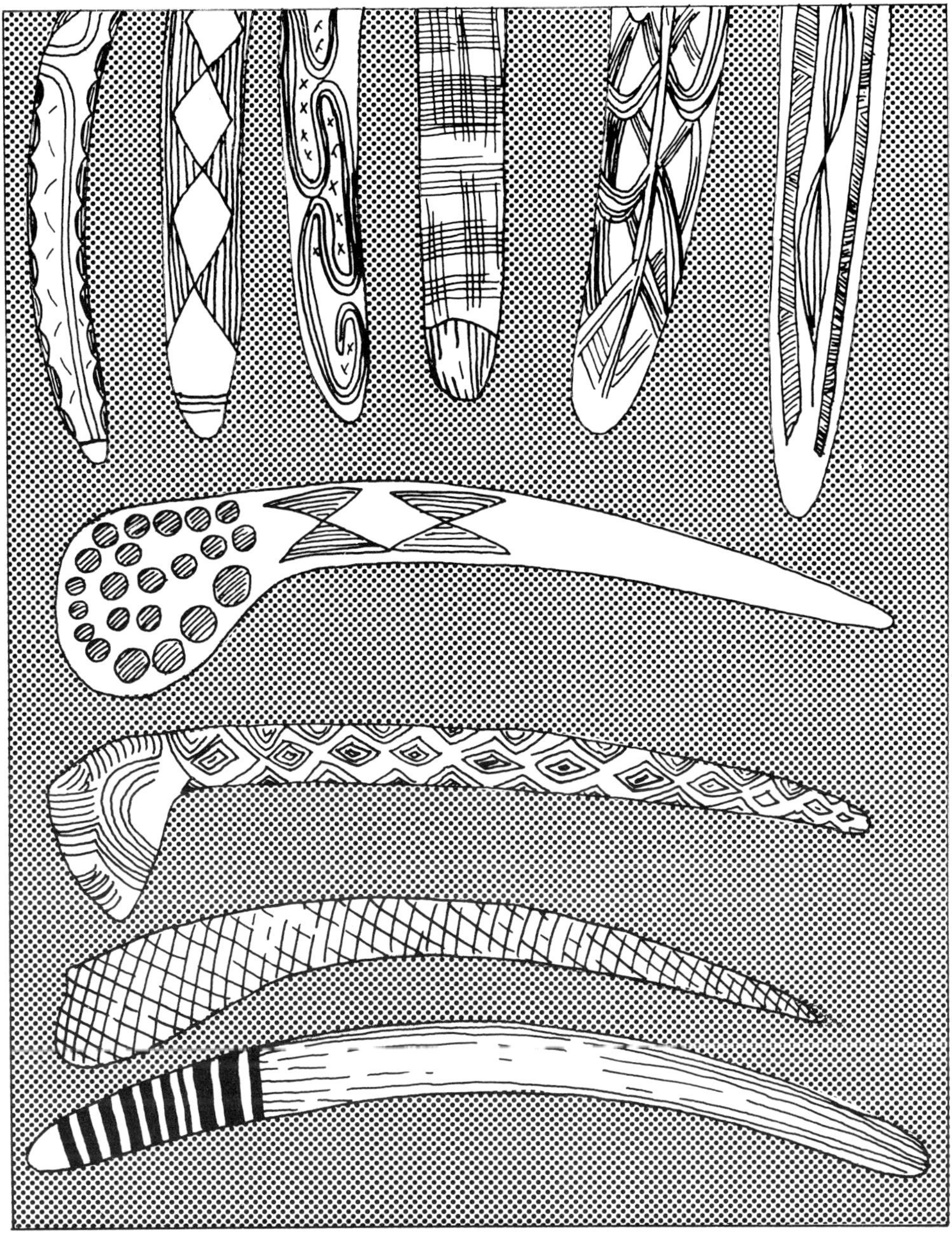

staubfreien Raum erfolgen (wo immer sie ihn finden).
3. Alte Tischler-Regel: Der Lackierraum muß gemütlich pottwarm sein.
Einige Beispiele von Lack-Überzügen:
1. Klarlack: Vorbehandlung mit Einlaßgrund oder verdünntem Klarlack. – Zwischenschleifen, ausbürsten, erste Schicht Klarlack. Feiner Zwischenschliff, ausbürsten, zweite Schicht Klarlack. Abschließend weiße Schuhcreme. Nachteil: Lange Trockenzeiten. Vorteil: Der Lack verläuft nach dem Auftragen mit dem Pinsel sehr gut und macht den Bumerang glatt und porendicht.
2. Nitro-Lack: Vorbehandlung mit Einlaßgrund oder verdünntem Nitrolack. – Zwischenschliff, ausbürsten, erster Auftrag Nitrolack. Zwischenschliff, ausbürsten, zweiter Auftrag Nitrolack. Abschließend: Ballen-Mattine. Nachteil: Es dauert lange, bis das Holz wirklich porendicht ist. Vorteil: Schnelle Trockenzeiten.
3. D. D.-Lack (Zweikomponentenlack): Vorbehandlung, Vermischung von Glänzer und Härter, Lackauftrag genau nach Anweisung des Herstellers für das jeweilige Erzeugnis. Nachteile: Zur Herstellung der richtigen Lackmischung muß eine Waage verwendet werden. – Die begrenzte Tropfzeit macht eine Beseitigung evtl. Tagesreste nötig. – Für mich besonders auffällig: Der Lack verläuft nur innerhalb einer sehr kurzen Zeitfrist nach Auftrag mit dem Pinsel, ich schätze nur innerhalb etwa einer Minute. So besteht die Gefahr, daß Pinselstreifen sichtbar bleiben. Auch Versuche mit einer kleinen Spritzpistole blieben zunächst noch unbefriedigend. Vorteile: Wenn ein gleichmäßiger Lackauftrag gelungen ist, hat der Bumerang einen herrlichen, klaren, sehr festen Schutzüberzug. Das Schönste, was ich bisher verwendet habe.
Und zum Abschluß: Vergessen sie nicht, daß jeder Lacküberzug das Gewicht des Bumerangs erhöht. Es kann passieren, daß ein Bumerang, der nach dem Einfliegen schön bunt bemalt wurde und mehrere Lackschichten tragen muß, nicht mehr fliegt. Der Lack hat sein Gesamtgewicht zu groß werden lassen.

Einzelprobleme

● Gestaltung der Flügelhinterkante:
Der Bumerang ist ja ein nicht ganz ungefährliches Sportgerät. Wählt man ein Profil, das ziemlich scharfe Kanten hat, wird es nicht

Unterschiedliche Gestaltung der Hinterkante

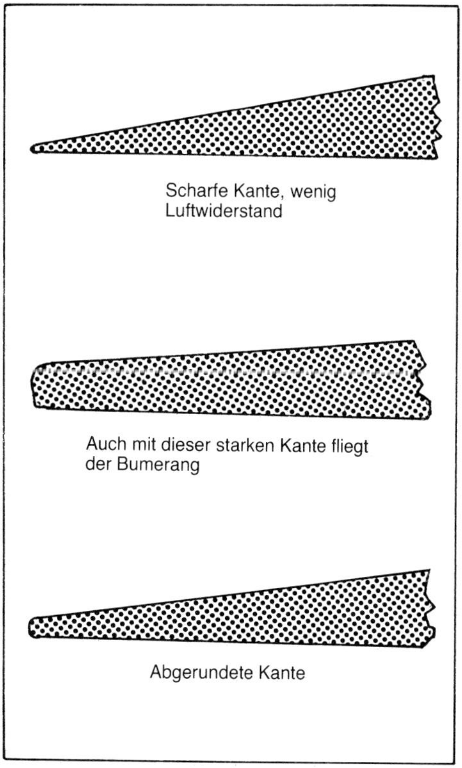

ungefährlicher. Besonders wenn man mit Kindern oder Heranwachsenden arbeitet, ist der Gesichtspunkt, wie wir unsere Bumerangs im wahrsten Sinne des Wortes „entschärfen", nicht unwichtig. Man kann zwar das Hauptaugenmerk auf die Vorderkante richten, denn sie ist fast immer wohlgerundet. Für die Hinterkante empfiehlt der australische Meister Bob Burwell, man solle sie nicht bis auf die letzte Sperrholzlage herunterschleifen, sondern ruhig 2–3 mm stehenlassen. Eine solche Kante könne man sogar noch runden; nur sollte man den Hinterseiten-Abschliff weiter vorn beginnen lassen. Burwell meint, daß die Erhöhung des Luftwiderstandes durch Wirbelbildung unbedeutend sei. Ich habe bisher gern mit scharfen Hinterkanten gebaut, werde aber diesen Sachverhalt durch den Bau einiger Bumerangpaare, die sich nur durch die Hinterkante unterscheiden, zu überprüfen versuchen.

- Gewichte?

Statt von Gewichten würde ich lieber von Flächenbelastung sprechen, d. h. vom Gewicht pro cm^2 Fläche. Darüber hinaus scheint mir die Gewichtsverteilung wichtig. Es scheint mir ein Unterschied, ob ein Bumerang seine höhere Flächenbelastung dadurch erhält, daß das spezifische Gewicht des Materials höher ist (Hartholz, Makrolon, Aluminium) oder ob er, aus leichterem Holz hergestellt, an den äußeren Punkten mit Gewichten versehen ist. Ich vermute, daß die Kreiselwirkung günstiger ist, wenn ein an sich leichterer Bumerang mit verhältnismäßig schweren Gewichten versehen ist. Dieses Prinzip habe ich für meine Langflugbumerangs mit Erfolg angewandt. Man kann noch weitergehen: Indem man den Auftrieb des sich drehenden Flügels noch dadurch erhöht, daß man die Unterseite aushöhlt (wie beim Modellflugzeugprofil), kann man diese an sich unerwünschten Auftriebskräfte durch das Anbringen weiterer Gewichte „vernichten", aber die Drehgeschwindigkeit dadurch erhöhen. So haben es Eric Darnell und John Flynn mit ihren Schnellflug-Bumerangs gemacht. Ihre Bumerangs trugen bis zu 7 (!)

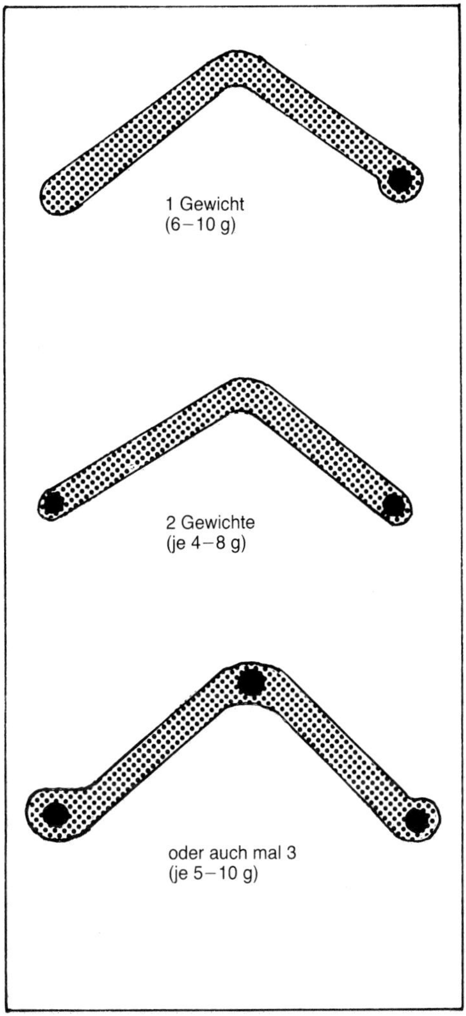

Anbringen von Gewichten

Gewichte und wurden von Mit-Wettbewerbern als „garbage rangs" bezeichnet, als Bumerangs für den Mülleimer also. Unter meinen ersten selbstgebauten Bumerangs befindet sich ein ähnliches Stück: hohle Unterseite, 5 Gewichte bis zu 9 Gramm. Bei den Deutschen Meisterschaften 1981 in Heidelberg erreichte ich damit zwar einen dritten Platz im Genauigkeitswerfen, aber mein Gerät ließ mich ganz schön durch die Gegend laufen, um wenigstens meine 5 Fänge unter Dach und Fach zu bringen. Nun – vielleicht erhielt ich wegen dieser unfreiwilligen Laufleistung den Ehrenpreis für den betagtesten Teilnehmer.

Ich versehe meine Bumerangs häufig mit Bleigewichten. Sie geben dem Bumerang erst den rechten „Pep", d. h. einen Flugkreis von 40–50 Metern Durchmesser und eine schnelle, ausdauernde Rotation, die bis zum Fang durchhält. Auch meine Langschweber oder „Floater" bekommen – häufig durch nur *ein* Gewicht, angebracht am Ende des Flügels I – die Flugeigenschaften, die ich mir wünsche: weiter, hoher Flug, schnelle Rotation bis zum Fang.

Ich gehe beim Anbringen von Gewichten so vor: Ich entscheide, je nach Größe, Gewicht und Art des Bumerangs, *wieviel* Gewichte ich verwenden werde, entweder ein schweres, zwei leichtere oder drei noch leichtere. Die Einzelgewichte wiegen zwischen 3 und 10 Gramm. Nehmen wir an, ich will ein Gewicht von 8–10 g an einem Flügelende anbringen für einen nicht kleinen Floater aus 4 mm Sperrholz. Ich bohre ein 12 mm starkes Loch in das betr. Flügelende. Jetzt nehme ich Walz-

Aufrollen der Bleischnecke

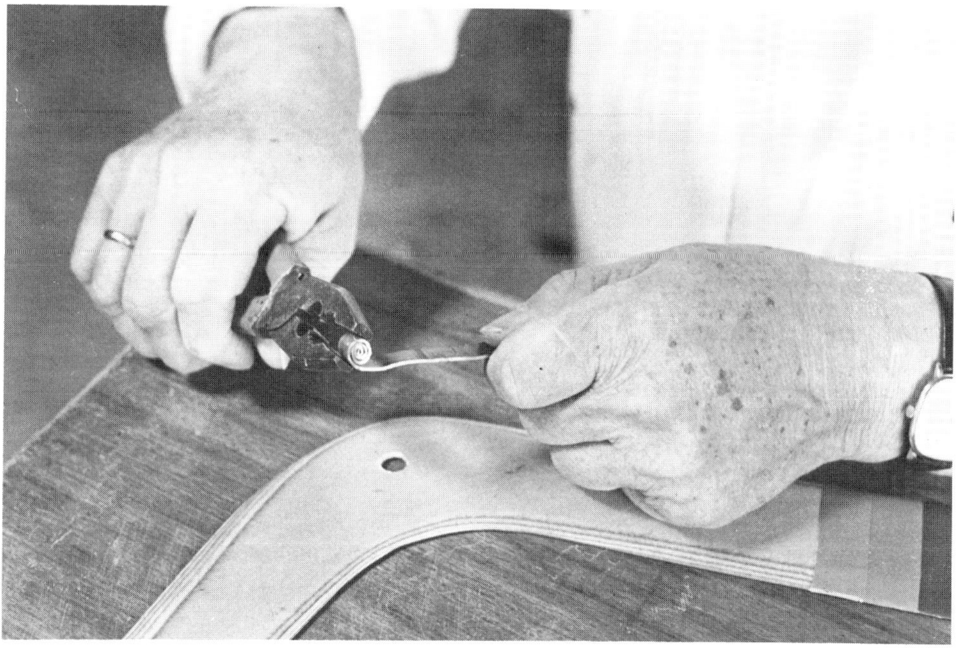

blei, das ich mir beim Klempner besorgt habe – achten sie auf möglichst dünnes Material – und schneide mit der Schere einen etwa 6 mm breiten Streifen ab, rolle ihn zu einer Schnecke auf, schneide sie so ab, daß sie stramm in die Bohrung paßt und verniete das Gewicht mit einigen Hammerschlägen. Dabei steht auf Ober- und Unterseite des Bumerangs immer noch soviel Blei über, daß ich es, falls sich im Fluge zeigt, daß das Gewicht zu groß ist, mit einer Feile dezimieren kann. Einen zu stark gewichteten Bumerang erkennt man daran, daß er sich beim Flug dann nicht recht erhebt, wenn er es eigentlich tun sollte und aus diesem Grund den Flugkreis nicht vollendet. Oft beseitige ich solche kleinen Fehler aber indirekt: Ich belasse das Gewicht, biege aber mit dem Haarföhn die Vorderkanten an den Flügelenden leicht nach oben. Das bringt fast immer das gewünschte Flugergebnis.
Viele Bumerangbauer sind beim Anbringen von Gewichten vorsichtiger. Sie befestigen das Gewicht – die Amerikaner nehmen häufig Münzen – zunächst mit Klebeband, probieren ihren Bumerang aus, variieren die Gewichtsmenge provisorisch, bis sie mit dem Flug zufrieden sind und wählen dann eine endgültige Befestigungsart, oft Zweikomponentenkleber. Jüngst las ich auch von Versuchen mit Metallband.

- Gestaltung des Griff-Endes.

Die Gestaltung des Griff-Endes hängt von der bevorzugten Abwurfart ab. Viele Bumerangbauer geben ihm keine besondere Form. Sie können den Bumerang auch mit seiner natürlichen Form des Flügelendes werfen. Mir macht das Schwierigkeiten, besonders wenn der Bumerang am Ende spitz ausläuft. Deshalb entwerfe ich mir Bumerangs mit Griffscheiben, oder ich versehe das bevorzugte Abwurfende mit einer Finger„bucht", übrigens eine Ergänzung, die ich auch bei einem Bumerang im

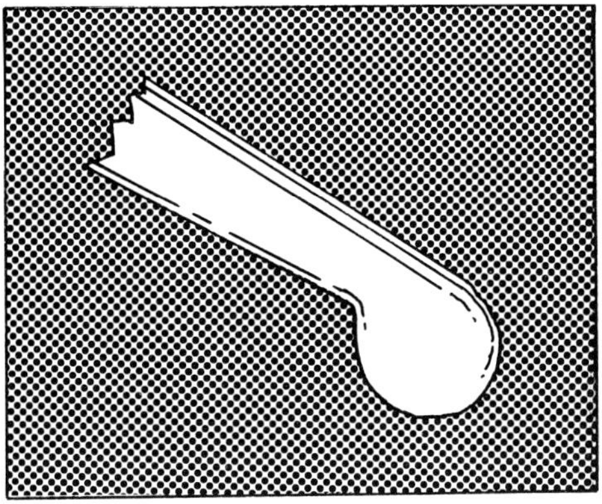

Griffscheibe

Hamburgischen Museum für Völkerkunde gesehen habe. Mick Hanson, der den Bumerang beim Abwurf zwischen Daumen und Zeigefinger hält, beklebt die Enden mit feinem Sandpapier, um ein Abrutschen zu verhindern. – Auch hier aber ist der Bumerangbauer in der Lage, seine individuelle Lösung zu erfinden und zu praktizieren.

Fingerbucht

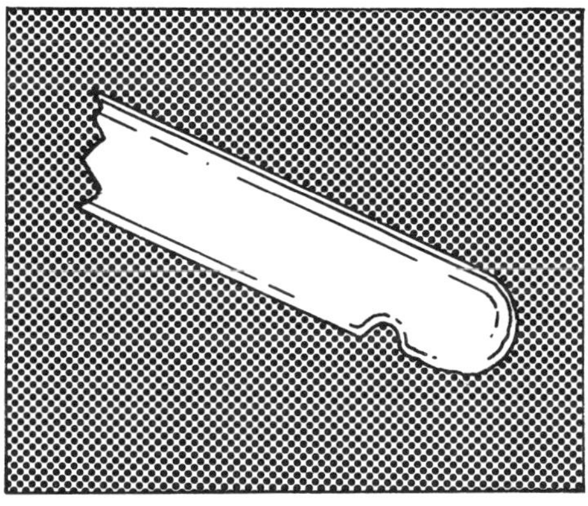

• Zerbrochen oder angebrochen?
Macht nichts, es gibt einfache Möglichkeiten der Reparatur. Ist der Bumerang angebrochen, biegt man den Bruch ein wenig auseinander und bringt mit Zahnstochern Weißleim oder Zweikomponentenkleber in die Bruchstelle. Danach einspannen – nicht vergessen, dabei das Flügelende gleich einige Millimeter höher zu legen. Man kann die Bruchstelle auch noch mit Klebeband auf Außenleim stabilisieren.
Zerbrochene Bumerangs repariere ich auf ähnliche Weise. Schwierigkeiten entstehen bei feinschichtigem Sperrholz dadurch, daß man den Bruch wegen querstehender Bruchteilchen nicht ineinanderschieben kann. In solchen Fällen ziehe ich die auffälligsten querstehenden Fasern mit der Pinzette heraus, gebe dann Leim in die Bruchstelle, lege einen Teil fest (Papier-Unterlage zwischen Tisch und Leimstelle!), schiebe den zweiten Teil in die Bruchstelle hinein, lege den ebenfalls, aber noch leicht, fest, schlage nun mit dem Hammer vom Flügelende aus Bruch in Bruch und spanne dann auch den zweiten Teil endgültig fest. Manchmal bekommt die Bruchstelle noch zusätzlich ein Pflaster aus 1–2 mm Sperrholz auf die Unterseite. Ich habe Bruchstellen auch schon mit Tesaband umwickelt, das mit Leim eingestrichen war.

• Bumerangs entwerfen
Wie kommt man zu Bumerangformen, sprich Umrißformen? Es gibt im Grunde unendlich viele herstellbare Bumerangs. Die Festlegung auf eine Umrißform ist nur ein zu berücksichtigender Faktor.
Ich hatte schon erwähnt: Man kann fremde Bumerangs durch Übertragen der Umrißform einfach übernehmen. Man kann Baupläne, wie sie auch in diesem Buch veröffentlicht sind, konstruierend auf den Werkstoff übertragen. Man kann Stücke nach Augenschein (Museum, ältere völkerkundliche Schriften) nachempfinden und man kann seinen eigenen Einfällen freien Lauf lassen und dabei Ergebnisse finden, die im Hinblick auf Aussehen und Flugfähigkeit unser besonderes Interesse finden, denn wir haben sie ja selbst hergestellt. Hier öffnet sich ein weites Feld: Vielleicht wollen sie die Buchstaben des Alphabets einmal auf ihre Flugfähigkeit hin durchprüfen, vielleicht andere Figuren erdenken. Ich werde wohl als nächstes meinen Hammer „Mjölnir" bauen, zunächst aus Holz natürlich, dann reizt mich noch eine fliegende Sichel. Aber diese wenn auch noch so reizvollen „Abbilder" nehmen mehr das optisch-gestalterische Interesse in Anspruch. Mein Interesse geht nicht in Richtung dieser figürlichen Spielereien, ich bin an den aerodynamisch „idealen" Stücken interessiert, den Traumbumerangs, die, auch wenn sie nicht von einem allzu kräftigen Werfer geworfen werden, folgende Eigenschaften haben: 1. Ideal: Großer Radius der Flugbahn (ab 40 Meter wird es interessant – übrigens auch für die „Australische Runde", einen Wettbewerb, von dem noch zu berichten sein wird), geringe Flughöhe (möglichst 1–2 Meter über dem Erdboden), präzise Rückkehr. Diesem Ideal bin ich bisher mit einem selbst entworfenen Bumerang nahe gekommen, dessen Form durch die Form eines Stückes Abfallholz, aus dem ich den Prototyp gefertigt habe, entscheidend bestimmt worden ist (s. Baupl. Nr. 13).
Zweiter Traumbumerang: Weiter Flugradius, hoher Flug, floatende Rückkehr zum Werfer, dadurch längere Flugzeit. Dritter Traumbumerang: Langflieger, der – auch im Aufwind, eine nach Minuten zu messende Flugzeit erreicht und ebenfalls gefangen werden kann. Langweilige Sitzungen, die mancher Teilnehmer durch Männchen-Malen zu überstehen versucht, sind zum Bumerang-Entwerfen durchaus geeignet. Denn wenn es nicht durch

berühmte und fähige Bumerangsportler bestätigt würde, möchte man es kaum aussprechen: Nicht Berechnungen sind die Grundlage, wie Herb Smith auf die Frage, wie man einen Bumerang entwirft, antwortet, sondern Vorstellungs/Einbildungskraft, angemessenes Aussehen (gefällt der Entwurf den Augen? Läßt er sich gut handhaben?). Das sind ganz und gar unwissenschaftliche und untechnische Kriterien (und doch hat Herb einige Jahre hindurch den Weitwurf-Weltrekord gehalten). Stellen wir uns vor, wir hätten einen uns befriedigenden Umriß entworfen, dann kommt das nächste Problem: Welches Profil wählen wir? Rusty Harding schlägt für fast alle Zwecke sein MBA-SC-Profil vor. (Modern Boomerang Airfoil – Semi Crude = Modernes Bumerang Profil – halb ausgereift). Es sieht so aus:

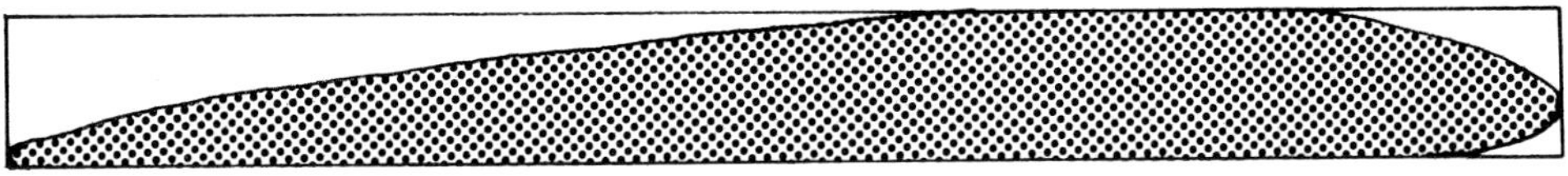

Das MBA-SC-Profil

Rusty ist Raumfahrt-Projekt-Ingenieur bei der NASA gewesen und hat Hunderte von Profilen strömungstechnisch untersucht: u. a. von Autogiros, Hubschraubern, Segelflugzeugen, Fernlenkmodellen, NASA-Leichtflugzeugen. Daß ein so schlichtes Profil, wie oben abgebildet, seiner Weisheit letzter Schluß bleibt, hängt für ihn auch damit zusammen, daß eben keines der hochgezüchteten Profile, die er genannt hat, und deren Eigenschaften für den Flugzeug-Flug er kennt, in schwingender Luft (pulsating) mit ungefähr 10 Schwingungen pro Sek. (pulses) getestet worden sind und ebenfalls nicht an Flügeln, deren Luftstrom von Flügel I zu Flügel II fließt – beides Bedingungen, unter denen ein Bumerangprofil arbeiten muß.

Aber erfreulicherweise sagt Rusty auch, daß jeder sein Lieblingsprofil hat. Ich darf meines einmal vorstellen: Es ist das Profil E 58, das Ähnlichkeit mit dem Flügelprofil eines Segelvogels hat. Aber hier sind der Phantasie des Bumerangbauers kaum Grenzen gesetzt: (Fast) alles fliegt, was vorne rund und hinten scharf ist!

Profil E 58

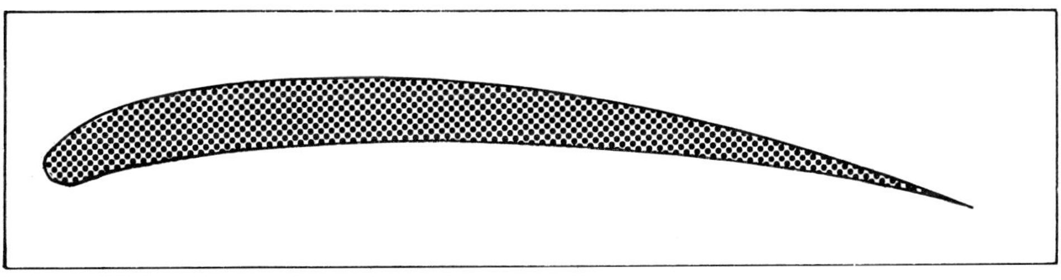

Und hier noch einige Beispiele aus dem Buch von Günther Veit (siehe Abbildung unten).

● Werkstatt-Tips:
In welchem Raum? Keine Probleme für Benutzer eines Hobby-Raumes/Kellers. Wer so etwas nicht hat – auch ich habe keinen Hobby-Raum – muß ein wenig Phantasie walten lassen, damit er Bumerangs bauen kann, ohne den Hausfrieden zu stören. Mir genügt eine Garagenecke. Weil die Garage heizbar ist, habe ich schon einen großen Teil auch der Lackierprobleme gelöst. Man benötigt ja praktisch nur einen kleinen Tisch mit Stuhl. Den könnte man notfalls auf den Balkon, die Terrasse, auf die Straße stellen – Holzstaub in der Wohnung ist nirgends allzu beliebt.

Staubschutz – Was nützt das produktivste Hobby, was die herrlichste Natur, in der man es betreiben kann, wenn man sich in der Werkstatt durch Holzstaub und Lackdämpfe gesundheitlich schädigt? Meine Schleifmaschine hat einen Staubauffangbeutel, der feine Schwingschleifer ist an einen Staubsauger anzuschließen. Außerdem besitze ich eine Atemschutzmaske. Hier sollte man nicht leichtfertig mit seiner Gesundheit umgehen, auch wenn es sich ohne Atemschutzmaske sicher leichter arbeiten läßt.
Ablagebretter für lackierte Stücke sehen bei mir so aus: Einfach drei Pinn-Nadeln entsprechend der Form des lackierten Bumerangs in ein Brett stecken und den Bumerang darauflegen.

Verschiedene Bumerang-Profile

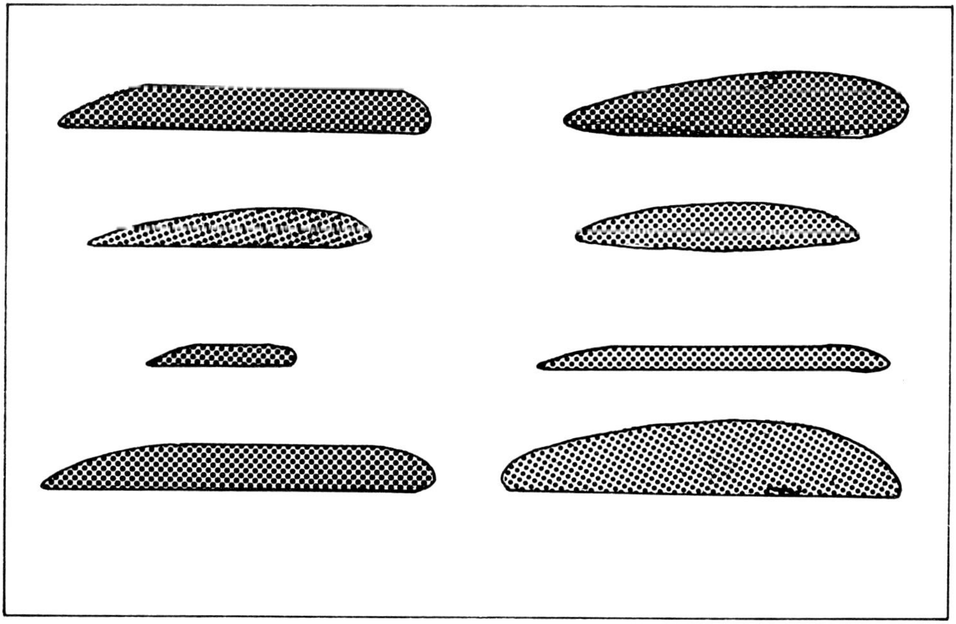

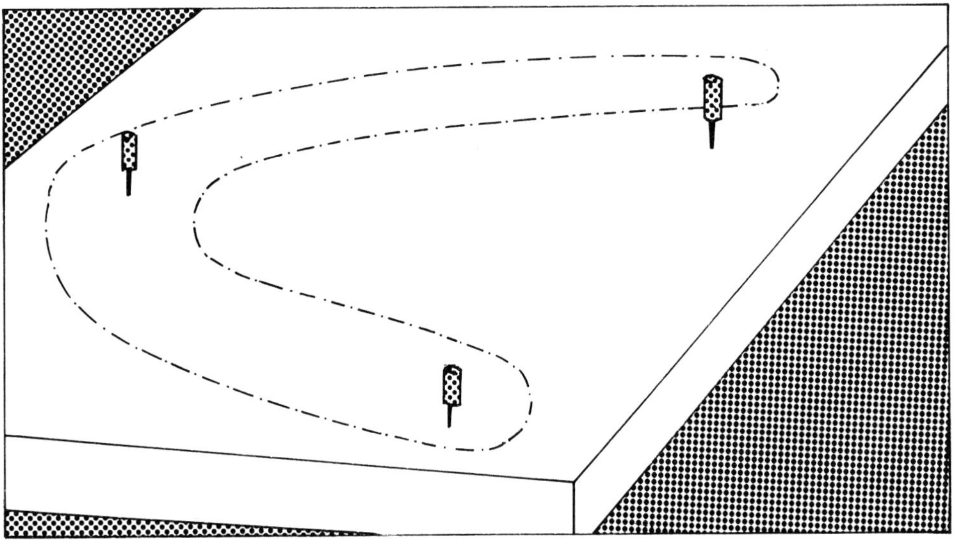

Ablagebrett für frischlackierte Bumerangs

Bumerangs werfen

Ein früher Bericht

Einen frühen Bericht vom Wurf eines Aborigines gibt R. Brough SMYTH: „Wenn ein erfahrener Werfer seinen Bumerang zum Wurf ergreift, prüft er ihn vorsichtig, auch wenn es sein eigenes Gerät ist; ist es ihm fremd, prüft er noch vorsichtiger. Wenn er es nun in der Hand hält, fast wie ein Schnitter seine Sichel, prüft er die Windrichtung, indem er die Blätterbewegung und Bewegung der Grashalme an vor ihm liegenden Objekten beobachtet. Wenn er nun die ihm günstig erscheinende Position erreicht hat, wiegt er das Gerät lose in seiner Hand, wie um zu prüfen, ob seine Armmuskeln ihm auch gehorchen. Mehr als einmal setzt er nur zum Werfen an. Im letzten Augenblick, wenn er spürt, daß er den Wind im richtigen Winkel anschneiden kann, wirft er mit aller Kraft: der Bumerang verläßt seine Hand . . . legt sich flach, dreht schnell um seine Achse, macht einen weiten Bogen und kehrt . . . zu seinen Füßen zurück. Dies wiederholt er wieder und wieder, mit Leichtigkeit und Bestimmtheit. Bei gutem Abwurf ist der entfernteste Punkt der Wurfbahn 100–150 yards vom Werfer entfernt. Der Bumerang kann auch so geworfen werden, aber das ist nicht vorher bestimmbar, daß er ein Objekt hinter dem Werfer trifft."

Machen wir es ihm nach, diesem vorsichtigen Aborigine; zumindest sollten wir versuchen, so konzentriert zu sein, wie er es offenbar war. Wegen der erforderlichen Konzentration ist es für den Anfänger eben günstig, wenn er allein auf dem Feld ist und wenn er nicht durch neugierige Interessierte, so sympathisch sie auch immer sein mögen, abgelenkt wird. Aber welchen Wurfplatz suchen wir uns aus?

Wurfplätze

Wundern sie sich nicht, wenn ich hier vielleicht etwas übergenau bin. Aber wenn man lesen muß, daß die Amerikaner den Langzeitflug-Wettbewerb gegen die Australier (beim großen Erdteil-Wettkampf im Juni 1984) deshalb verloren haben, weil die Bumerangs die Grenze des Wurfplatzes überflogen und nicht gefangen werden konnten und daß die Australier diesen Teilwettbewerb mit Zeiten von 8 und 9 Sek. gewonnen haben, dann wird man verstehen, warum mir Riesenplätze so sympathisch sind. Beginnen wir mit Kategorie I:

Ideal sind einsame, breite Strände, Dünen/ Sandflächen, flaches Uferwasser, Heideflächen, Watt. Ideal sind sie natürlich unter bestimmten Bedingungen: Sie müssen menschenleer sein, und nur eine leichte Brise sollte wehen.

Zweite Wahl. Landwirtschaftlich genutzte Wiesen nach der Mahd. Leider ist das Betretungsrecht etwas kompliziert, auch wenn man den Besitzer oder Pächter um die Erlaubnis gebeten hat, sein Land betreten zu dürfen, hat noch der jeweilige Jagdpächter gewisse Mitspracherechte, was das Betreten der Feldmark zu nichtlandwirtschaftlicher Nutzung betrifft. Ebenfalls zweite Wahl sind große Wiesen in öffentlichen Parks. Im Hamburger Stadtpark z. B. gibt es eine über 6 ha große Festwiese, deren Rasen stets so kurz gehalten ist wie der Centre-Court von Wimbledon. Man findet nicht nur stets einen Wurfplatz, der frei ange-

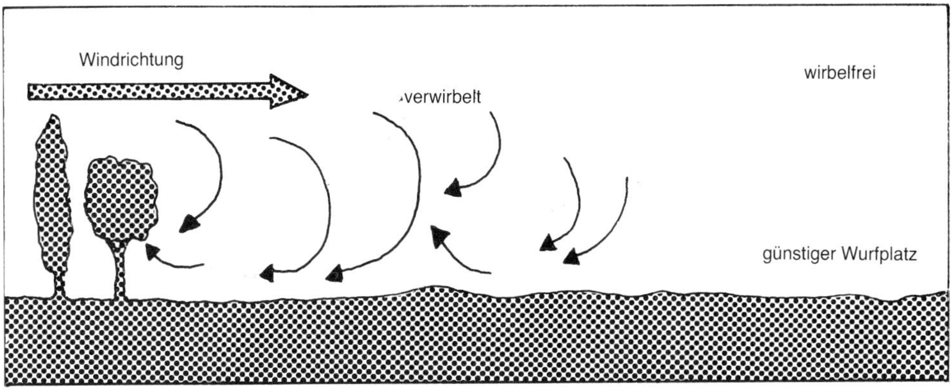

Der Abwurfplatz sollte frei angeblasen sein

blasen ist (sehr wichtig!), man kann sogar, wenn der Wind etwas zu stark wird, so an den begrenzenden Baumsäumen werfen, daß man die durch Leewirbel abgeschwächte Windgeschwindigkeit ausnutzt. Aber eine solche Wiese ist auch ein riesiges Kommunikations-Areal. Deshalb ist äußerste Vorsicht geboten, wenn sich Menschen, meist ja mit Kindern, nähern. Dann muß man das Werfen sofort abbrechen.

Von den Hunden wollen wir lieber nicht reden. Hat so ein Tier den Bumerang erst gefaßt, läuft es freudig damit umher, legt ab, beißt neu hinein, und das „Leg ab!" – der zu den Tieren gehörenden Frauchen oder Herrchen ist die makabre, aber immer völlig wirkungslose Begleitmusik zu dem zerstörerischen Tun ihrer vierbeinigen Gefährten.

Häufig haben Parks alten Baumbestand. Dadurch wird nicht nur die Luft unangenehm verwirbelt, sie scheinen auch Anziehungskräfte zu entwickeln. Wie käme es sonst, daß immer gerade ihr schönster Bumerang nach seinem besten Flug sich so in eine Astgabel verkeilt hat, daß sie ihn dann im Stich lassen müssen? (Es sei denn, sie haben sich das von dem Engländer David M. WEISS entwickelte Bumerang-vom-Baum-Hole-Gerät gebaut und mitgenommen). Das Gerät besteht im Prinzip aus einem Stück Eisenstange, die an einem abrollbaren dünnen Stahlseil befestigt ist. Richtig in die Baumkrone geworfen ermöglicht es das Gerät, durch Bewegen des Hauptastes, über den das Seil geworfen wurde und in dem auch irgendwo der Bumerang verkeilt ist, das geliebte Stück wiederzuerlangen.

Im Winter, bei schneebedeckter Rasenfläche, ist die riesige Wiese häufig menschenleer. Werfen im Winter macht Spaß: Klare Luft, blauer Himmel. Man findet seinen (entflogenen) Bumerang allerdings nur wieder, wenn man den Aufschlagpunkt genau im Auge behält und Hilfspunkte anpeilt. Wenn man Glück hat, findet man den feinen Spalt, den der Bumerang beim Eintauchen in den Schnee hinterlassen hat, und damit den Bumerang. Wenn man das aber versäumt und mit der von Chet Snouffer empfohlenen Laubharke auch keinen Erfolg hat, dann muß man bis zur Schneeschmelze warten: Ein guter Test für die Witterungsbeständigkeit des Materials.

Dritte Wahl: Größere Warteräume, Bahn-

hofshallen, Turnhallen, Foyers – für Balsa-Bumerangs geeignet. Vorsichtiges Verhalten wird angeraten!
Vierte Wahl: Eine Straßenkreuzung in Washington. Hier veranstaltet Ben Ruhe mit seinen Freunden abendliche Wurf-Treffs im Licht der Straßenlaternen – natürlich nur mit leichten vierarmigen Bumerangs. Bens beste Leistung: zwei gleichzeitig geworfen und gleichzeitig mit einer Hand gefangen.

Wind

Alte Bauernregel: Wenn der Wind weht steif und kraus, hol den Fliege-Drachen raus.
Wenn der Wind zu stark ist, kann nur noch ein sehr geschickter Werfer sauber werfen und fangen. Allerdings bleibt Werfen bei Wind immer eine Herausforderung. Die zahlreichen Entwürfe von „Wind-eatern" (Starkwindbumerangs) zeugen davon.
Ich finde, daß leichter Wind das Fangen erleichtert. Es gibt auch Werfer, die Windstille vorziehen (und entsprechend leichte Bumerangs, die bei Windstille exakt zurückkehren).
Ein wenig hüten sollte man sich allerdings vor „Kesseln", Fußballstadien oder sonstwie abgeschirmten Flächen. Sie sind häufig verwirbelt, was der Anfänger nicht weiß, und verhindern jeden erfolgreichen Bumerangflug. Der verzweifelte Werfer gibt dann oft dem Bumerang oder sich selbst die Schuld, was ja im Prinzip in Ordnung, in diesem Fall aber völlig unangebracht ist.
Die Abhängigkeit des Bumerangsports vom Wind kann besonders für Wettbewerbe ein schlimmes Handicap sein (einige Experten sagen, schon deshalb sei der Versuch, darum zu kämpfen, den Bumerangsport als olympische Sportart zuzulassen, nicht sinnvoll). Wie verzweifelt klingt zum Beispiel der Bericht, den Neil George, Vorsitzender der Boomerang Sports Association von West-Australien, gibt: „Wir haben hier zwei Wettbewerbe durchgeführt und dabei spüren müssen, daß der Wind ein grausam frustrierender Faktor ist. Wetterberichte sagen immer wieder, daß Perth Australiens windigste Hauptstadt ist. Jetzt glaube ich es. Den letzten Wettbewerb mußten wir auf drei Durchgänge der Australischen Runde begrenzen. Schuld hatte der zu starke Wind. Sieger wurde Neil George, aber nur, weil er wie ein Sprinter seine Bumerangs von der 40-Meter-Linie wiederholte. Die wenigen korrekten Würfe ereigneten sich während kurzer Flauten. Wir hoffen verzweifelt auf ein paar schöne Tage im Winter, bevor all die schöne, neu erwachte Begeisterung aus allen neuen Mitgliedern wieder herausgeblasen wird."
Es ist auch kaum zu verheimlichen, daß einige Wettkampf-Situationen im Rückkampf USA-Australien im Juni 1984 wegen des Windes zu einem Desaster geworden sind. Als die Mannschaften am 2. Juni aufmarschierten, stürmte es mit 10–15 m/sec. Kein Wunder deshalb: nicht um sportlicher Ehren willen, aber um das Gesicht zu wahren, begannen sie den Kampf.

Der Abwurf

Wir haben also nun die vom schwachen Wind frei angeblasene Fläche gefunden, haben unsere Sachen in der Nähe unseres Abwurfplatzes abgelegt (auch hier ist Umsicht geboten: ein von mir geworfener Bumerang landete in einem offen gebliebenen Koffer und zerbrach) und stellen nun die Windrichtung fest: hochgeworfenes Gras, Pusteblume, Taschentuch als Flagge, kleine Bändchen an Zeltstab. Danach bestimmen wir den Luvwinkel, 40–60 Grad nach rechts (bei Linkshändern nach links) gerichtet, möglichst mit irgendeinem „Peilpunkt" in der Ferne wiedererkennbar – deshalb ist es günstig, stets den gleichen Abwurf-

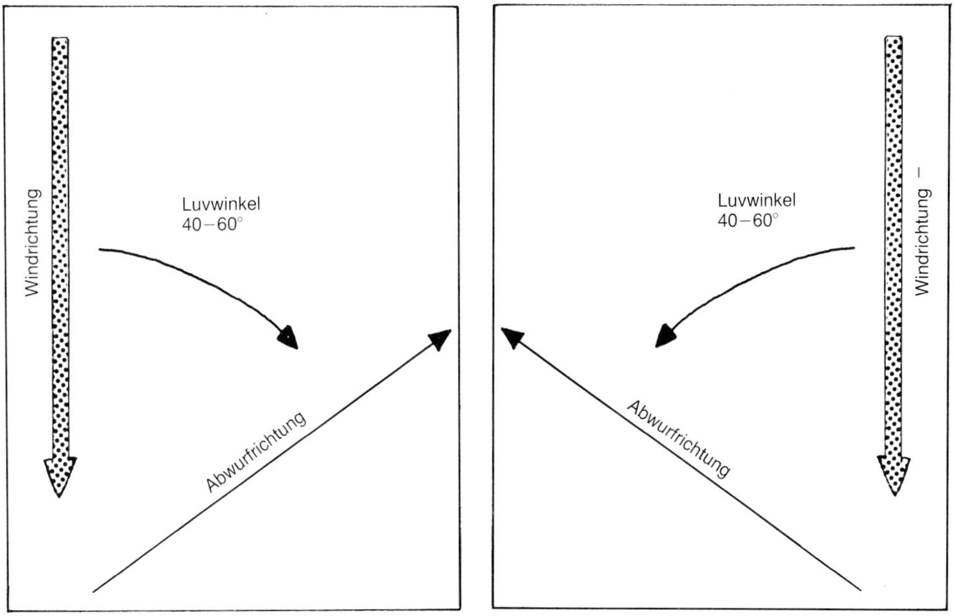

Der richtige Luvwinkel für Rechtshänder und Linkshänder

punkt zu verwenden, weil Korrekturen des Luvwinkels kontrollierbar bleiben. Sie haben den für diesen Tag bevorzugt zu verwendenden Bumerang ausgewählt und machen sich zum Wurf bereit, das Flügelende mit der ganzen Hand oder mit Daumen, Zeige- und Mittelfinger haltend, dabei Zeige- oder Mittelfinger in der Fingerbucht, gewölbte Seite des Bumerangs zum Körper. Sie stehen so, daß nicht die Körperfront, sondern die linke Schulter in Wurfrichtung zeigt. Jetzt holen sie mit dem gebeugten Wurfarm weit nach hinten über die Schulter aus – wie beim Schlagballweitwurf etwa oder beim Tennis-Aufschlag. Während des Abwurfs müssen sie noch zwei weitere Winkel ins Bewußtsein nehmen: den Neigungswinkel, der je nach Bumerang und Wurfkraft steil, also klein, nahe 0 Grad oder etwas flacher, größer, etwa 10 bis 30 Grad sein kann. Dieser Winkel beeinflußt den Flug des Bumerangs am deutlichsten. Nun kommt auch noch der Aufstiegswinkel, den sie beachten müssen. Er ist meist 0 Grad, man wirft also den Bumerang parallel zum Erdboden. Bei Floatern oder Langflugbumerangs kann der Winkel aber bis zu 45 Grad groß werden. Und nun kommt der eigentliche Wurf, in den sie ihre Körperenergie einbringen müssen. Und wenn dann ihr Bumerang im Augenblick des Loslassens noch intensiven „spin“, intensive Drehung, Rotation mitbekommt, dann wars richtig. Dann wird sich ihr Schwirrholz, etwa parallel zur Erde fliegend, von ihnen entfernen, wird seine linksdrehende Kreisbahn beginnen, sich im weiteren Verlauf der Kreisbahn allmählich flachlegen und, während er sich nun ihnen nähert, ein wenig höher steigen, nun

Das Flügelende mit der ganzen Hand . . .

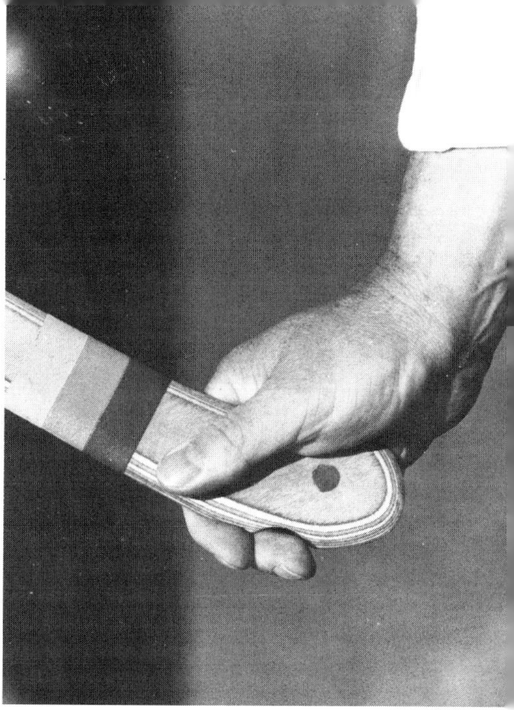

. . . oder mit Zeige- und Mittelfinger umfassen

schon horizontal rotierend. Am Schluß wird er sich ihnen, dem Werfer, unmittelbar vor oder über ihnen rotierend „bereit halten", um von ihnen gefangen zu werden.

Es ist leicht zu verstehen, daß Lernbereitschaft, Lernfähigkeit, körperliches Geschick und körperliche Leistungsfähigkeit eine große Rolle bei dem Lernprozeß spielen, der damit beginnt, daß sie ihren ersten selbst gebauten Bumerang geworfen haben. Auch hier gibt es unterschiedliche individuelle Lerngeschichten. Ein fünfjähriger Junge, dem ich einen für ihn geeigneten Bumerang in die Hand drückte, warf beim ersten Wurf wie ein Alter, und ich konnte den von ihm geworfenen Bumerang gleich auffangen. Aber auch erwachsene Werfer können das Werfen verhältnismäßig schnell lernen. Schwierig wird es eigentlich erst dann, wenn man sich am Anfang etwas Falsches angewöhnt hat: meistens ist es der sogenannte Sichelwurf. Es scheint alles richtig abzulaufen, aber in der letzten halben Sekunde legt der Falschwerfer seinen Bumerang flach, der rotiert senkrecht nach oben und saust dann ziemlich unberechenbar steil nach unten. Bei weichem Boden überlebt er.

Ich habe am Anfang einige Monate lang lernen müssen: Weil ich – allein übend – die richtige Beziehung zwischen Abwurfkraft und Neigungswinkel nicht herausfand, kam der gekaufte, aber, wie ich rückwirkend feststellen konnte, einwandfreie Bumerang nicht recht zurück und zerbrach bald. Auch mit einem zweiten hatte ich zuerst keinen Erfolg. Aber ich erinnere mich gern daran, als er das erste Mal nach einem schönen Kreis zu meinen

Weit nach hinten ausholen

Der Neigungswinkel beeinflußt den Bumerangflug am stärksten

Der Aufstiegswinkel ist je nach Bumerangtyp unterschiedlich

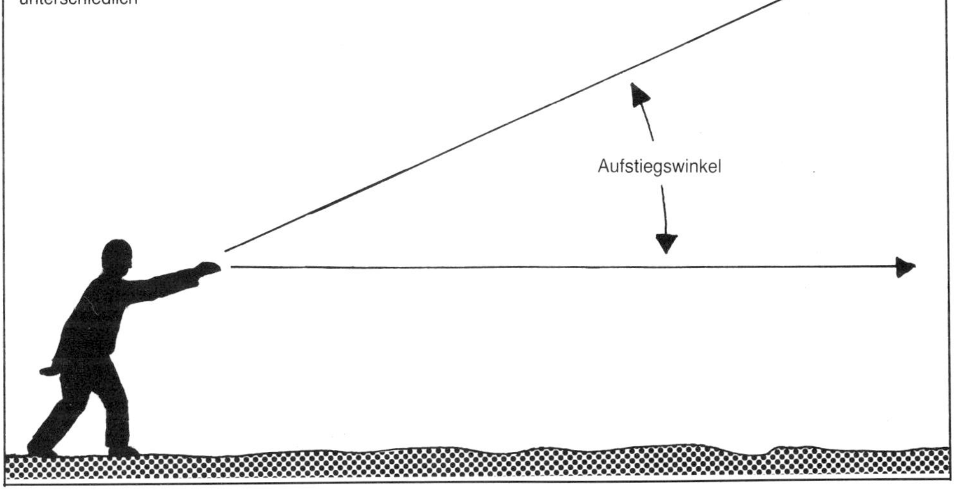

Die letzte Phase des Abwurfs

Füßen landete und ich bald darauf, mit Handschuhen geschützt, das erste Mal fangen konnte. Diesen, meinen Bumerang Nr. 1, bewahre ich natürlich auf, obgleich er, am Strand von Griechenland im Ellbogen zerbrochen, zusammengeflickt und zurechtgefeilt ist – ein rechter Veteran.

Abwurffehler und deren Korrektur

Nehmen wir jetzt einmal an, unser Bumerang ist in Ordnung, aber er fliegt trotzdem nicht so, wie er sollte. Dann war die Wurftechnik falsch:
1. Der Bumerang steigt steil und sehr hoch auf und stürzt dann senkrecht ab. Fehler: Er wurde mit zu großem Neigungswinkel geworfen (= Sichelwurf). Abhilfe: Neigungswinkel verkleinern. Der Bumerang sollte in beinahe senkrechter Lage die Hand des Werfers verlassen. Vielleicht finden sie ein Bild, auf dem das gut zu sehen ist; oder sie schwingen vor einem simulierten Wurf ihr Wurfholz immer wieder vor und zurück und betrachten dabei, wie es in ihrer Hand liegt. Dann spielen sie Zeitlupe, simulieren einen langsamen Wurf, lassen den Bumerang auch los (der fällt vor ihre Füße, ohne Flug) und beachten genau, in welchem Winkel er aus ihrer Hand fällt. Oder sie bitten einen Beobachter um Hilfe, der, hinter ihnen stehend, beobachten kann, in welchem Neigungswinkel das Gerät aus ihrer Hand geht.

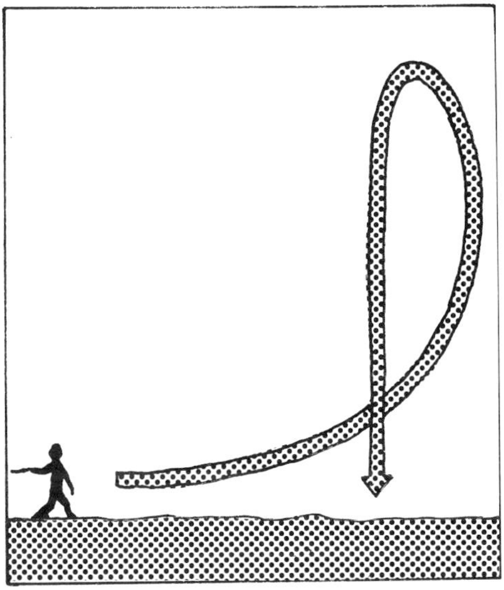

Sichelwurf: Der Neigungswinkel war zu groß

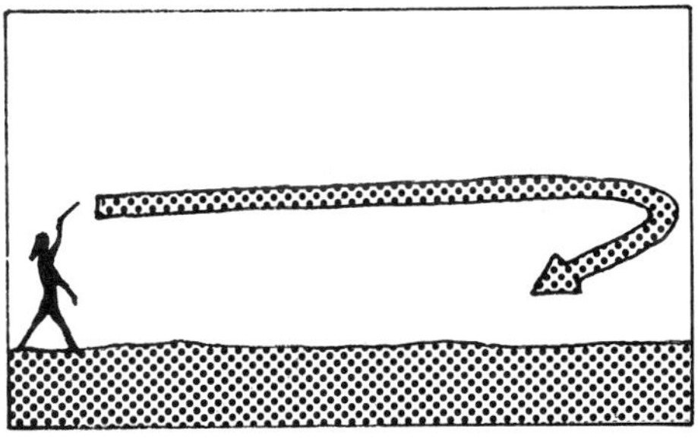

Rechts oben:
Immer den Neigungswinkel beachten!

Rechts unten:
Der Bumerang landet zu früh: Der Neigungswinkel war zu klein

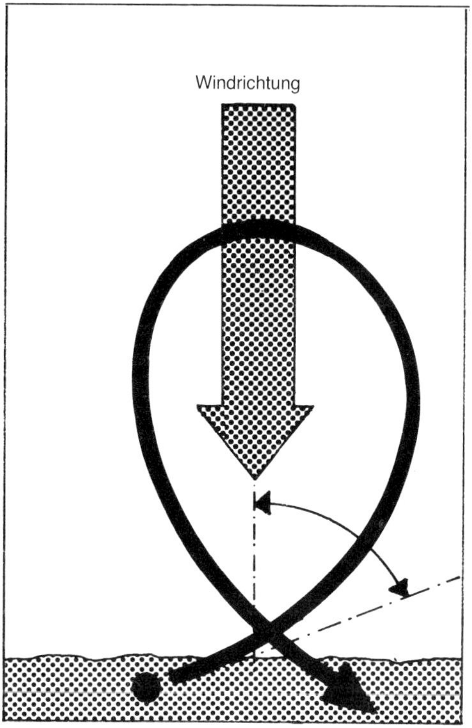

Der Bumerang fliegt rechts am Werfer vorbei: Luvwinkel verkleinern

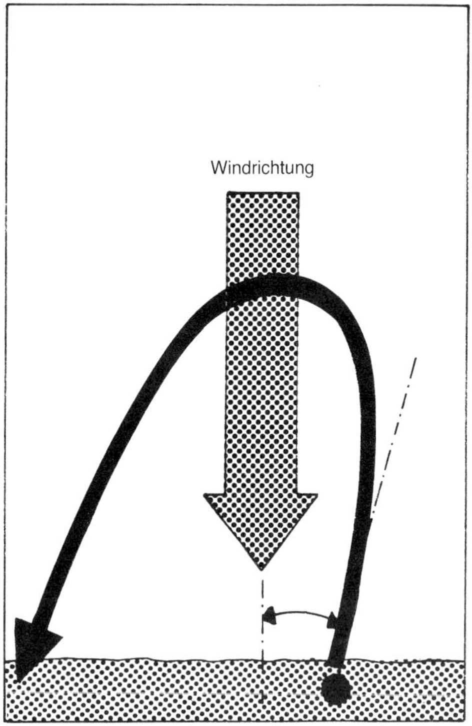

Der Bumerang fliegt links am Werfer vorbei: Luvwinkel vergrößern

2. Der Bumerang landet schon vor Beendigung der Kreisbahn. Fehler: Er wurde mit zu steilem Neigungswinkel geworfen. Abhilfe: Neigungswinkel ein wenig größer wählen. Oder Fehler: Die Abwurfkraft war zu gering. Abhilfe: Kräftiger (= schneller) abwerfen. – Oder Fehler: Zu wenig „spin" beim Abwurf. Abhilfe: Den „spin" beim Abwurf nicht vergessen. – Oder Fehler: Aufstiegswinkel war zu klein oder zu groß. Abhilfe: den Aufstiegswinkel durch Probieren anpassen.
3. Der Bumerang landet links vom Werfer. Dann zunächst durchprüfen, was unter 2. gesagt wurde. Sonst Fehler: Der Luvwinkel wurde zu klein gewählt, also Luvwinkel vergrößern.
4. Der Bumerang fliegt rechts am Werfer vorbei und landet rechts von ihm: Der Luvwinkel war zu groß gewählt, bei den nächsten Abwürfen allmählich kleiner werden lassen.

Grundsätzlich kann man sagen: Man kann den Bumerang „heben", d. h. ihn dazu bringen, auch wirklich ganz zum Werfer zurückzukeh-

ren, indem man kräftiger abwirft, den „spin" vergrößert, den Neigungswinkel bzw. den Aufstiegswinkel vorsichtig vergrößert.
Man kann die Flugbahn des Bumerangs „senken" mit den umgekehrten Maßnahmen; nur der spin muß immer so hoch wie möglich sein.
Wenn alles nicht so recht klappt: Nicht mutlos werden. Wenn ihr Bumerang immer vor ihnen landet, kann es ja auch an der vollständigen Windstille liegen, oder wenn er immer zwanzig Meter hinter ihnen landet, ist der Gegenwind vielleicht doch zu stark?
Und dann haben wir ja noch immer den Bumerang selbst, dem wir die Schuld fürs Mißlingen geben können. Dann wollen wir das Stück doch erst einmal genau überprüfen und es dann erneut einfliegen.

Ist der Bumerang überhaupt in Ordnung?

Häufig erlebt man als Hersteller eines Bumerangs die Freude, daß man ihn beim allerersten Wurf schon fängt. Das liegt oft daran, daß man den Bumerang nicht nur hergestellt hat, sondern daß man ihn nach der Fertigstellung im Hinblick auf Biegungen überprüft und gegebenenfalls korrigiert hat. Denn wenige Millimeter oder Bruchteile von Millimetern können hier unübersehbare Flugfolgen nach sich ziehen. Verbiegungen erkennen und beseitigen ist überhaupt nicht schwierig. Ein gutes Auge, ein wenig Gefühl und Geschick, und ein paar Tips, die gleich folgen: dann werden auch sie bald auf dem Feld stehen und ihren gefertigten Bumerang nach dem ersten Wurf fangen.
1. Tip: Man peilt die Vorderkanten beider Flügel entlang. Beide sollen genau gerade erscheinen, vielleicht mit einer sehr geringen

Die Vorderkanten entlangpeilen

Biegung nach oben (höchstens einige Millimeter).

2. Tip: Betrifft die gleiche Sache. Man legt den Bumerang auf eine ebene Fläche und drückt den Ellbogen leicht auf die Unterlage. Stehen die Flügelenden jetzt einige Millimeter hoch: in Ordnung. Liegen die Flügelenden auf, ohne daß die Flügel selbst nach oben gebogen sind: in Ordnung. Liegen aber Ellbogen und Flügelende auf, und ich kann die Flügelmitte auch nur ein wenig herunterdrükken: Achtung! Hier muß gegengebogen werden.

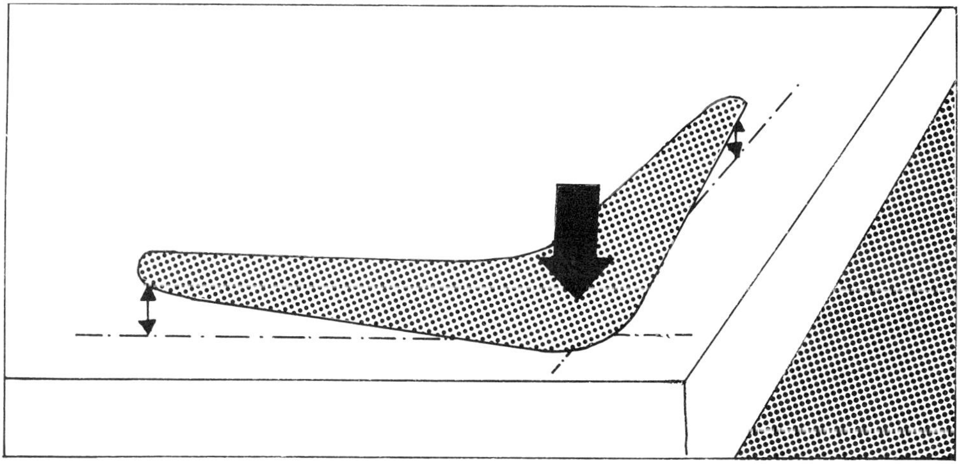

Die Flügel sollten eben liegen oder leicht nach oben stehen, wenn man auf den Ellbogen drückt

3. Tip: (Das wird am häufigsten vergessen bzw. ist weniger bekannt) Man muß jeden Flügel noch sorgfältig von vorn anpeilen, um zu prüfen, wie der Anstellwinkel ausgebildet ist. Im Idealfall liegen Vorder- und Hinterkante parallel; es ist auch noch günstig, wenn die Vorderkante – besonders gegen das Flügelende hin, ein wenig (1–2 mm) höher liegt als die Hinterkante. Liegt die Vorderkante niedriger als die Hinterkante, gibt es fast immer Flugschwierigkeiten.

Ich möchte hervorheben, daß die Hinweise 1–3 für den Flugerfolg ihres Bumerangs von entscheidender Bedeutung sind. Sie könnten das gleich einmal überprüfen, wenn sie schon einige Bumerangs besitzen, die sie in die Ecke gekeilt haben, weil sie nicht fliegen. Nehmen wir an, sie haben einige der genannten Fehler erpeilt – was dann zu tun ist, beschreibe ich jetzt: Wir benötigen wiederum unseren kleinen Tisch, möglichst mit einer etwas weiter über die Zarge herausragenden Platte, Zwingen, Klemmzangen o. ä., einige Holzreste und einen Haarföhn. Den Bumerang so festlegen, daß beim Einspannen leichte Biegungsrichtungen in der erforderlichen Gegenrichtung durch

Rechts oben: Anpeilen von vorne: Ist der Anstellwinkel richtig?
Rechts unten: Wiederherrichten eines verbogenen Flügels

Unterlegen von Holzstücken entstehen. Föhn an der Stelle anlegen, an der sich, durch Augenschein erkennbar, das Holz am stärksten umformen wird. Achten sie darauf, daß der Heißluftstrahl die richtige Stelle trifft. Föhn evtl. hinten erhöht legen. Etwas Schweres, gegen die Düse gelegt, verhindert das Wandern des Föhns. Nach 10 min.: ausschalten, einige Minuten eingespannt lassen, Zwingen lösen, erneut peilen: Ist die Stelle nun wirklich korrigiert? Sonst erneut einspannen, evtl. sogar wieder gegenbiegen. Sie verstehen nun besser, warum Aborigines ihre Bumerangs vor dem Wurf über offenen Feuern hinbiegen. Al Gerhards soll bei Wettbewerben Camping-Gas-Kocher und Wasserkessel dabei haben.

Es kann für den Erprobungsprozeß günstig sein, jeweils nur eine Verbiegung zur Zeit zu korrigieren. Verändert man mehrere „Biegefehler" zugleich, kann man unsicher werden, wenn man feststellen will, wodurch denn der korrekte Flug des Bumerangs bewirkt worden ist.

Ich habe früher alle leichten Verbiegungen zugleich beseitigt, manchmal auch noch gleichzeitig mit Gewichten operiert und wunderte mich dann, daß ich Zusammenhänge (welche Veränderung hat welche Wirkung) nicht durchschaut habe. Ich möchte noch hinzufügen, daß die unter Tip 1–3 genannten Peilkontrollen wiederholt werden sollten, bevor man einen Bumerang verschenkt oder wenn man ihn nach längerer Lagerzeit wieder verwendet. Manche, besonders dünne Stücke, können auch ohne Wärme auf dem Feld von Hand hingebogen werden, wenn das nötig ist: Beide

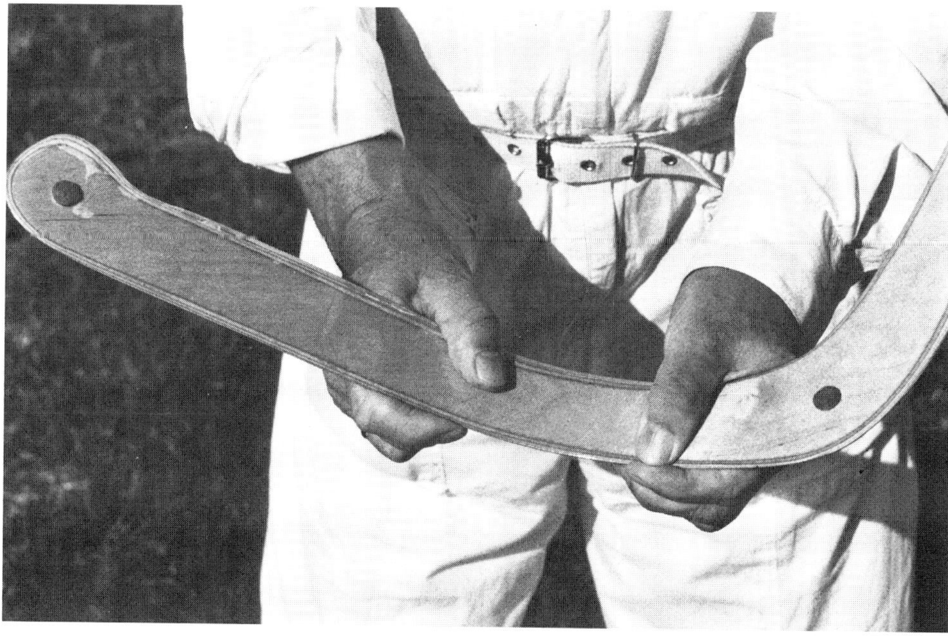

Dünne Flügel können auch von Hand gebogen werden

Enden in Gegenrichtung biegen, eine halbe Minute halten, der Bumerang ist wurfbereit. Von Zeit zu Zeit muß dieses Biegen wiederholt werden.
Bisher haben wir uns mit (Ver-)biegungen befaßt. Der Bumerang kann aber noch andere Fehler haben. Nehmen wir an, der Bumerang vollendet seinen Flugkreis nicht, überdies wird die Rotation gegen Ende des Fluges schwächer oder hört ganz und gar auf. Prüfen sie: Ist die Oberfläche zu rauh? Ist die Profilvorderkante zu steil? Ist die Hinterkante zu stark? Ist der Bumerang für seine (geringe) Größe zu dick? Hier müssen sie auf jeden Fall wieder in die Werkstatt und weiter Material abnehmen bzw. die Oberfläche glätten.
Manchmal kommt ein Bumerang überhaupt nicht in die Gegenrichtung. Er fliegt geradeaus von ihnen weg, macht eine Art Schleife und fällt dann zu Boden. Dieser Bumerang ist für seine Größe zu schwer. Hier kann man kaum Abhilfe schaffen, da hilft nur ein Neubau.
Wenn der Bumerang einen sehr kleinen Kreis fliegt oder trotz richtigen Abwurfs zu steil aufsteigt oder schaukelnd während des Fluges seine Neigungslage verändert, ist er für seine Größe bzw. Auftriebsstärke zu leicht. Er sollte mit Gewichten versehen werden.

Werfen für Fortgeschrittene

Bumerangfreunde, die die Anfangsgründe des Werfens beherrschen und ihre Künste weiterentwickeln wollen, sollten die folgenden Punkte beachten. Wichtig sind:
1. Das Erkennen der individuellen Eigenschaften des benützten Bumerangs und seiner „eingebauten Flugbahn“.
2. Die Veränderung der Flugbahn mit dem Ziel, den Bumerang möglichst parallel zum Erdboden und möglichst weit zu werfen.
3. Die Veränderung der Flugbahn mit dem Ziel, möglichst hoch und weit zu werfen und die Flugzeit zu verlängern: Der „befreite“ Wurf.

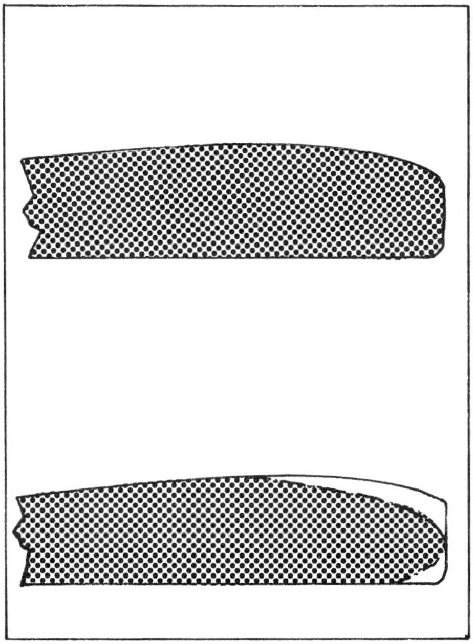

Profilvorderkante zu steil, hier muß nachgearbeitet werden

Zu 1 meine ich, der Werfer sollte im Laufe der Entwicklung seiner Fähigkeiten so sicher werden, daß jeder Wurf „sitzt“ und solche Leistungen wie 400 Würfe und Fänge ohne Unterbrechung hintereinander im Prinzip möglich sind. Oft meint man, diese Stufe habe man längst erreicht. Nur – wenn man es dann versucht, ist man schon froh, wenn man wenigstens 10 Fänge erreicht. Hier hilft nur eins: Übung und Konzentration.
Zu 2, parallel zur Erdoberfläche: Eingebaute Flugbahn hin, eingebaute Flugbahn her, auf dieser Stufe seines Könnens reizt den Bumerangwerfer das Andere, in diesem Fall ein Bumerang, der durch seine besondere Form,

durch sein Eigengewicht oder besser durch eingebaute Gewichte auf eine Flugbahn gebracht werden kann, die wahrlich das Entzükken des Werfers hervorruft: Ein 50-Meter-Wurf mit einem Bumerang, der während seines Kreisfluges ein oder zwei Meter Höhe nicht übersteigt und dann, noch nicht einmal ganz aufgerichtet, zum Werfer zurückkehrt: Welch ein Vergnügen. Diese Flugbahnen habe ich gesehen beim Wurf sehr kräftiger Werfer, etwa mit dem Comeback von Willi Urban oder mit dem Al Gerhards Hook. Ich bin dann gelegentlich entmutigt, wenn ich feststellen muß, daß meine Wurfkraft für solche herrlichen Würfe nicht ausreicht. Aber dann geht's wieder in die Werkstatt, und dann wird gegrübelt und gezeichnet und gebaut, und dann habe ich bald einen Bumerang in der Hand, der – auf meine Wurfkraft zugeschnitten – ähnliches leistet: leicht gebevelt, damit der zu erwartende Auftrieb durch Gewichte ausgeglichen werden kann, beim möglichst kräftigen Abwurf deutlicher Neigungswinkel – schon erreicht auch der schwächere Werfer diesen herrlichen Effekt: Über dem Boden schleichend legt der Bumerang seinen großen Kreis zurück und taucht dann zum Fang kurz nach oben (siehe Bauplan Nr. 13).
Diese Flugbahn erhöht gleichzeitig die angestrebte Wurf-Entfernung.
3. Der „befreite" Wurf: Ihn zu verwirklichen war ich eigentlich von Anfang an bestrebt. Es gibt viele, auch frühe Berichte von solcher Wurfpraxis. Auch frühe Fotos belegen, daß es so etwas immer gegeben hat, auch bei den Aborigines übrigens. Was ist gemeint? Wenn man einen Floater-Bumerang gebaut hat und leichter Wind den Werfer herauslockt, dann wirft man sein Gerät mit deutlichem Aufstiegswinkel, der bis zu 45 Grad groß werden kann. Ist es gut, steigt es auf, fliegt einen großen Kreis – aber in 30–40 Meter Höhe, schließt den Kreis auch oben ab und beginnt nun zu „hovern", zu „floaten", zu schweben, d. h. unter geringem Höhenverlust fast auf der Stelle horizontal zu rotieren. Der Gegenwind treibt es allmählich auf den Werfer zu, der mit lässiger Beteiligtheit den Flug seines Holzes beobachtet und der allmählich achthaben muß, ob er stehen bleiben kann, um seinen geliebten Floater abschließend zu fangen.
Vor kurzem überließ ich einem Anfänger einen solchen Floater. Der Werfer und die umstehenden Interessenten hatten noch nie Bumerangs fliegen sehen. Aber er hatte bald den Wurf nach oben im Griff. Diese Abendstunden werden die Beteiligten so schnell nicht vergessen: Waren doch alle begeistert-beeindruckt von solchen Möglichkeiten des Bumerangfluges (s. Bauplan Nr. 11).
Peter Ruhf hat es an einem flachen Hang auf eine Flugzeit von 1 Minute 35 Sek. gebracht. Alle Interessierten sind eingeladen, auf entsprechendem Gelände ihre Floater zum Segeln zu bringen, die Zeit zu stoppen und – unbedingt wichtig – anschließend zu fangen.

Auf dieser Stufe der Entwicklung seiner Wurftechnik sollte man einmal die Frage stellen, wieviele seiner Bumerangs man denn wirklich aktiviert. Denn wenn man selbst baut (vielleicht auch kauft oder sammelt), wird man bald bemerken, daß die Zahl seiner Bumerangs größer und größer wird. Eine Bestätigung für diese Entwicklung ist eine bestimmte Art von Fotos, die man immer findet, wenn ein prominenter Bumerangwerfer fotografiert wird: Der Meister inmitten all seiner Bumerangs. Diese Entwicklung halte ich für natürlich. Jeder Sammler wird ja von ihr betroffen, und der Bumerangbauer wird ja Platz genug in Garage, Keller, Arbeitszimmer, Büro, guter Stube, Kofferraum, Schlafzimmer finden. Es fällt ja sowieso schwer, sich von seinen genial erfundenen Stücken zu trennen; deshalb sucht man ja auch lieber stundenlang nach einem

Entflogenen, als daß man schnell einen neuen baut, und es bleibt stets ein besonderes Ereignis, wenn man sich dazu durchringt, eines seiner Lieblinge einem Freund zu schenken.
Aber hier gibt es auch eine Gefahr: Wenn man nämlich den Versuch macht, mit (fast) allen Stücken zum Werfen hinauszufahren. Lassen wir Ali Fujino Miller zu Wort kommen, die auf die Frage eines Interviewers „Wieviele Bumerangs benutzen sie gewöhnlich?“ antwortete: „Zu viele. Es gibt zu viele gute Bumerangs und ich kenne zu viele davon. . . . Eine Sache habe ich von meinen australischen Freunden gelernt: Es ist am besten, wenige Bumerangs zu haben; denn je weniger man hat, umso besser kann man sie werfen und meistern.
Für mich bleibt es schwierig, auf Anhieb jeweils zwei oder drei auszuwählen. . . . Aber der bessere Wettkämpfer findet die richtigen Stücke heraus und wirft mit ihnen, lernt ihre persönlichen Eigenarten kennen.“
Also, Bumerangbauer: Baut und baut, bis ihr den besten herausgefiltert habt, und nur den benutzt, werdet vertraut nur mit ihm, lernt alle seine Eigenarten kennen – dann werdet ihr Meister – und entwerft hoffentlich bald den nächsten?

Bumerangs fangen

Eine Vorbemerkung: Es ist ein Unterschied, ob es in frühen Berichten über Bumerang werfende Aborigines heißt: Der Bumerang fiel unmittelbar neben dem Werfer nieder – oder der Bumerang kehrte „in die Hand des Werfers zurück". In den Frühberichten steht selten etwas vom Fangen, fast immer aber etwas von genauem Zurückkehren. Es wäre gewiß interessant herauszufinden, ob das Fangen des Bumerangs eher eine Angelegenheit des modernen Sports ist oder ob es mit dem Werfen überliefert worden ist. Wie dem auch sei: Wettbewerbe ohne Fangen sind nicht denkbar, und es ist natürlich der krönende Abschluß aller Mühsal, den eigenen Bumerang genau an dem Platz, von dem man ihn geworfen hat, aus dem Flug heraus zu fangen. Das ist schön in sich, dazu benötigt man keine Zuschauer.

Fangen mit beiden Händen

Ich wähle also einen ziemlich narrensicheren Bumerang aus und besorge mir weiche Lederhandschuhe (Motorrad-Handschuhe aus Kunststoff tun es auch und sind erheblich billiger, außerdem sind sie noch mit schützenden Stulpen versehen). Aber Vorsicht beim Wurf mit Handschuh! Die Wurfhand ist natürlich völlig desensibilisiert. Es ist deshalb sinnvoll, nur den linken Handschuh anzuziehen und den der rechten in der linken Hand zu halten. So bleibt die Wurfhand bloß. Nach dem Abwurf – während die Augen den Bumerang verfolgen – zieht man schnell den rechten Handschuh an.

Etwas Angst ist vernünftig, aber Selbstvertrauen und Mut sind nötig; wirkliche Verletzungen registrierte ich während meines Trainings nicht, wohl aber schmerzhafte Treffer an den Fingerkuppen, auch an den Unterarmen. Die ersten Fangübungen sollte man mit kleineren, leichten Bumerangs machen. Das schafft Selbstvertrauen.

Nun gehts los: Sie haben abgeworfen!

1. Den Bumerang im Auge behalten, um aus der Flugbahn auf seinen Rückkehrpunkt zu schließen.
2. Position herstellen. Das ist bei einem korrekten Wurf und Flug ihre Abwurfposition. Sie bleiben auf der Stelle stehen und fangen das zurückgekehrte Holz. Meistens muß man seinen Standplatz aber ein wenig verändern, um in die richtige Fangposition zu kommen. Dazu sagt Chet Snouffer: „Lies den Flugweg und bewege dich früh zum erwarteten Rückkehrpunkt."
3. Achtung! Vor ihren Augen rotiert jetzt horizontal der zurückgekehrte Bumerang. Stellen sie sich auf ein Fangen in Hüfthöhe, keinesfalls in Kopfhöhe ein (Verletzungsgefahr!).
4. Fixieren sie den Bumerang konzentriert mit den Augen. Linken Unterarm und linke Hand waagerecht ausstrecken, wie wenn sie ein Tablett tragen. Das „Tablett" ist die Scheibe des rotierenden Bumerangs. Links drunterfassen, gleichzeitig mit der flachen rechten Hand von oben drauf „patschen", eine kleine Bewegung beider Arme zum Körper hin: Sie haben gefangen. Einigen Bumerangsportlern liegt es eher, beim Fangen die rechte Hand unten, die linke oben zu haben. Probieren sie!

Kommt der Bumerang nicht waagerecht rotie-

rend herein, müssen Hände und Unterarme parallel zur Rotationsebene geneigt werden, sonst gibt es unerwünschte, schmerzhafte Vorberührungen, die außerdem den Fangvorgang verhindern.
Fixieren sie den Bumerang solange mit ihrem Blick, bis sie ihn wirklich in der Hand halten. Viele Mißerfolge entstehen dadurch, daß man im letzten Augenblick wegguckt.

Von hieraus ist es gewiß noch ein weiter Weg, bis wir den Bumerang mit den Füßen oder mit verbundenen Augen auffangen können – wenn wir das überhaupt wollen. Verweilen wir zunächst an der Stelle, die für mich als eine zweite Stufe des Könnens gilt: Das Fangen mit einer Hand.
Auch hier war es Chet Snouffer, der mich mit

Oben: Zum Fangen Hände waagrecht ausstrecken . . .
. . . und zusammenpatschen (unten)

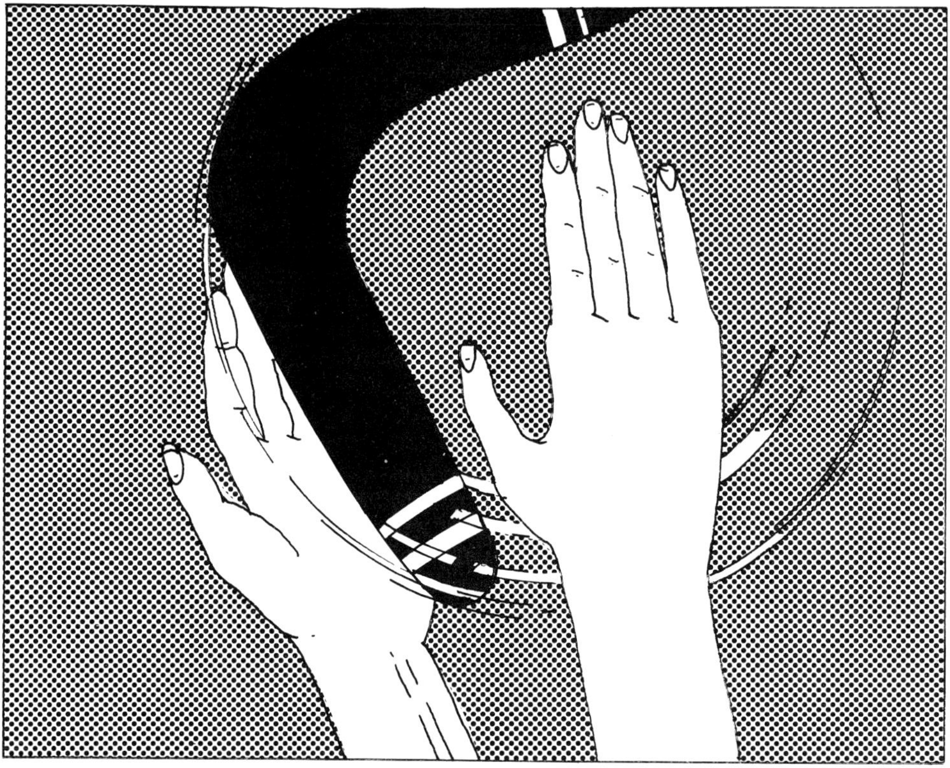

Handhaltung bei schräg zurückkommenden Bumerangs: immer parallel zur Rotationsebene

seinem Hinweis auf den „Fenstergriff" zum einhändigen Fangen mit dem Hook ermutigte. Der rotierende Hook hat ja eine Kreisöffnung, die sehr gut sichtbar ist. Kommt nun der Bumerang von oben vorne heran, greift man mit einer mutigen, schnellen und zielsicheren Bewegung von unten mit den vier zusammenliegenden Fingern der rechten Hand in die Öffnung hinein; der vorher abgespreizte Daumen schließt sich nun mit der Hand um den Bumerang, eine kleine Nachbewegung in Drehrichtung – gefangen. Hier muß natürlich über dem Kopf gefangen werden. Ähnlich kann man fangen, wenn der Hook schon unterhalb der Hüfte rotiert, dann greift man eben von oben hinein. Auf jeden Fall: Einen Hook mit einer Hand zu pflücken macht viel Freude. Beim einhändigen Fangen normaler Bumerangs übernimmt eine Hand, Handrücken nach unten, Daumen nach oben abgespreizt, die Sandwichfunktion, wie wir es vom Fangen mit zwei Händen her kennen.
Ich übe zur Zeit das einhändige Fangen mit Balsabumerangs und finde, daß man recht gut weiterkommt, wenn man keine Angst vor Fehlgriffen haben muß.

Der Fenstergriff:
a) mit der rechten Hand: Daumen abgespreizt, die vier Finger in die Öffnung

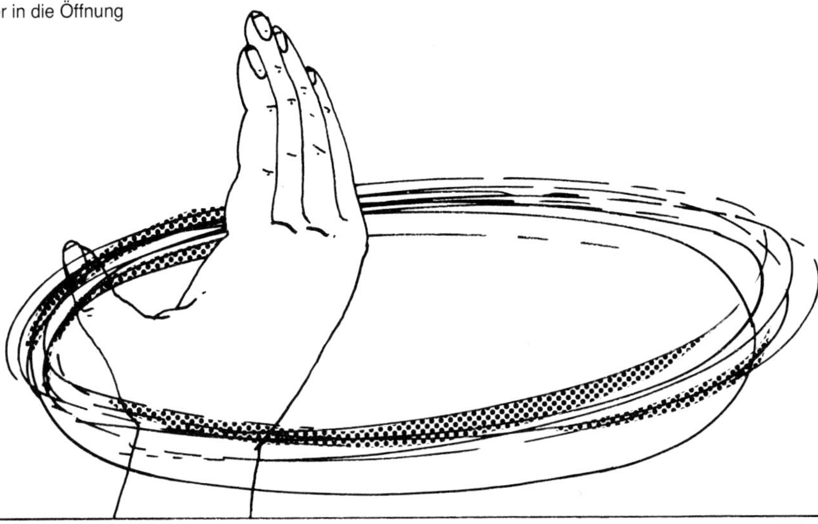

b) mit der linken Hand: Daumen in die Öffnung.

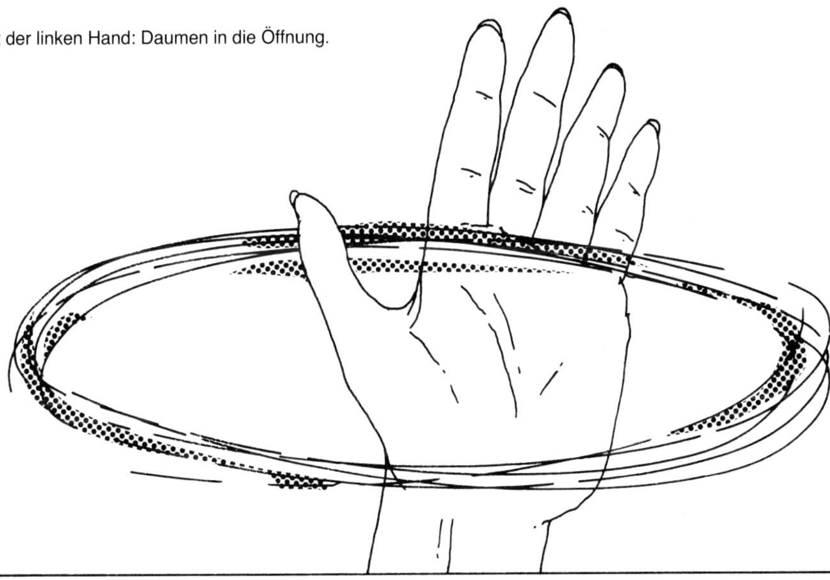

Fangen mit einer Hand über dem Kopf . . .

. . . und unterhalb der Hüfte

Für diese zweite Stufe der Entfaltung kann man noch einen Trick erwähnen, den anwenden mag, wer will. Er kann für bestimmte Situationen bei Vorführungen günstig sein. Ich finde ihn jedoch nicht ganz reell. Der Trick ist: Unmittelbar nach dem Abwurf, während alle Zuschauer dem Bumerang nachsehen, bewegt man sich schnell einige Meter in die Richtung, wohin der Bumerang beim Zurückkehren abweichen wird. Dort bleibt man dann unbeweglich stehen, bis der Bumerang zurückkommt und man ihn fangen kann, „ohne einen Schritt zu tun".

Aber abschließend noch einige ernst zu nehmende Bemerkungen, den fortgeschrittenen, oder besser fortschreitenden Fänger betreffend. Oft ist gerade beim Fangen eine gewisse Verkrampfung zu sehen. Dazu sagt Chet Snouffer, der für sein Freistil-Fangen berühmt ist: „. . . die Abwesenheit von planender

Überlegung oder die Fähigkeit, bis zur letzten Sekunde zu warten, um den für den nun folgenden Augenblick natürlichen Fang zu vollziehen, das ist der Schlüssel zum Freistilfangen. In Gedanken vorgeplante Fänge gehen leichter fehl, weil deine Gedanken deinen ganzen Körper verspannen und für einen Fang vorbereiten, den du nicht verwirklichen kannst. Ich mag den Teil östlicher Philosophie, der feststellt, wenn Geist und Körper sich im Handeln vereinen, ist für den Geist die absolute Abwesenheit von Gedanken nötig. Man darf nicht versuchen, durch Gedanken dem Körper eine Reaktion aufzuzwingen.
Die Entwicklung dieser Fähigkeit ist erlernbar: Wirf dein Holz und vergrabe dann lässig beide Hände in deinen Taschen. Entspanne! Gehe in Richtung auf den Platz zu, an dem du die Rückkehr des Bumerangs erwartest. Versuche, dich in die Bewegungsrichtung der Flugbahn gleichsam einzufühlen, bewege dich mit dem Bumerang. Und dann, im letzten Augenblick, ziehe eine Hand aus der Tasche und schnapp ihn dir. Mit der Hand, die ihm in diesem Moment am nächsten ist. Bis zum letzten Augenblick zu warten, darin liegt der Schlüssel, harmonische oder natürliche Reaktionen oder Reflexe zu erwerben."
Gewiß, am Anfang freuen wir uns ja schon, wenn der Bumerang in erreichbare Nähe zurückkommt. Da können wir nicht lässig bis zur letzten Sekunde warten, sondern müssen Beine machen, um unser zurückkommendes Holz überhaupt noch zu erreichen.
Aber vielleicht ist da doch was dran, vielleicht kann man diese Lässigkeit erlernen?

Es den anderen zeigen

Auch wenn wir uns zum Bumerangwerfen noch so geschickt zurückziehen, wir locken gelegentlich auch dann Besucher an, wenn wir es nicht wollen. Ich meine, man sollte sich um sie kümmern, auch wenn damit das konzentrierte eigene Werfen beendet ist.
Wie der Interessent auch immer Kontakt sucht: Ob er einfach auf uns zugeht und ein Gespräch beginnt oder ob er bescheiden unser Tun beobachtet und eigentlich unausgesprochen fragt: Was machst du da eigentlich, – ich versuche ihn möglichst unkompliziert einzubeziehen. Mindestens einen unzerbrechlichen Bumerang habe ich immer dabei; ich gebe einige Anleitungen, und schon ist unser Zuschauer beim Werfen. Man korrigiert Abwurffehler, fängt gut geworfene Stücke auf, bricht, wie gesagt, sein eigentliches Vorhaben ab und hat das Gefühl, sich nicht entzogen zu haben. So ergeben sich auch häufig freundliche Kontakte.

Kampf um Sekunden und Rekorde

Die höchste Stufe der Entwicklung unserer Fähigkeiten, Bumerangs zu bauen, zu werfen und zu fangen, bewährt sich im Kampf um sportliche Rekorde und bei Wettbewerben. Hier gilt es, das Erlernte auf Abruf und unter den gerade waltenden Umständen zu vollbringen. Darüber hinaus wird sie erkennbar an besonderen Würfen und Fängen.
Aus dieser Welt möchte ich nun berichten. Natürlich taucht die Frage auf: Was ist ein vollendeter Bumerangwerfer? Wo liegt die Grenze zum Artisten? (Manche Australier füllten mit ihren Bumerang-Künsten Varieté-Nummern). Wie weit kann man gehen? Was will ich anstreben?
Auch an dieser Stelle ist erkennbar, daß man seinen individuell bestimmten Weg suchen kann und sollte. Will ich über/mit Bumerangs lehren, veröffentlichen, Ausstellungen machen? Strebe ich an, der große Champion in Wettbewerben zu sein? Will ich eine Vereinigung gründen? Will ich für die Verbreitung des Bumerangsports werben? Oder will ich, weiterhin unbekannt und unerkannt, in aller Stille meine Bumerangs werfen und dabei glücklich sein, auch unter Einbeziehung selbstgewählter Kommunikation mit anderen? Welche finanziellen Mittel will ich verwenden? Die Spannweite reicht von wenigen Mark für Holz und Lack bis hin zu 25 000 Dollar für die Teilnahme an einem großen Wettbewerb in Übersee (so hoch war jedenfalls die Summe für die Teilnahme eines Australiers an dem Wettkampf gegen die USA-Mannschaft im Jahre 1984).
Vielleicht finden sie auf den folgenden Seiten Anregungen für sich: Es geht um Rekorde, Wettkämpfe und besondere Würfe/Fänge.

Bestleistungen und Rekorde

Ein international gültiges Reglement zur Anerkennung von Rekorden gibt es im Bumerangsport (glücklicherweise) noch nicht. Dennoch werden Bestleistungen festgestellt.
Für die frühe Zeit gibt es eine Art von Augenzeugenberichten, die geschätzte Werte nennen und deshalb recht ungenau bis unbrauchbar sind: Da umkreist ein Bumerang einen in 180 m Entfernung stehenden Baum und kehrt dann zum Werfer zurück, oder er schwebt minutenlang in der Luft.
Heute sind folgende Verfahren üblich:
- Die Eintragung in Ben Ruhes Rekordliste.
- Die Eintragung in das Guiness-Buch der Weltrekorde. Hierzu ist die Bestätigung der Leistung durch drei mündige Personen Voraussetzung.
- Die Feststellung der Leistung während eines der zahlreichen und an vielen Plätzen der Welt stattfindenden Wettbewerbe.
- Der Bericht über die Leistung (mit Bestätigung von Zeugen in einer der Bumerang-Zeitschriften).

Doch hören wir Ben Ruhe, den „world registrar“, selbst: Im Jahre 1955 empfing er die Mitteilung des Hochschullehrers Octave Levenspiel aus Oregon, in welcher er mitteilte, 59 consecutive catches (Fänge ohne Unterbrechung) vollbracht zu haben. Obgleich Ben an dem Gedanken festhielt, daß der moderne Bumerangsport gekennzeichnet sei durch seinen spielerischen Charakter und daß deshalb alle Rekord-Probleme leichten Herzens behandelt werden sollten, und obgleich er daran

erinnerte, daß die Steinzeitmenschen auch ohne Rekordlisten ausgekommen sind, begann er doch eine solche Liste und wurde ein gewaltiger Briefeschreiber. Als dann noch die Autoren des Guiness Book of World Records ihn für ihre Arbeit um Hilfe baten, konnte er sie geben. Außerdem zirkulierte seine Liste weltweit, Anregung zur Leistungssteigerung für andere Werfer vermittelnd. Ben betont, daß er nicht alle ihm mitgeteilten Bestleistungen als gültig bestätigen kann, und die ersten Eintragungen erinnern wahrhaft mehr an Spielerei:
John Mc Mahon, San Padre Island, Texas,

- 388 mal gefangen ohne Unterbrechung
- Gleichzeitiger Abwurf dreier Bumerangs mit der rechten, eines mit der linken Hand. Alle vier gefangen.
- 37 Fänge ohne Unterbrechung hinter dem Rücken.

Der späte Frank Donellan fing Bumerangs mit verbundenen Augen vor Massenpublikum in Theatern u. ä., bestimmte die Position des Geräts allein nach dem Geräusch.
Ein anderer Donellan, Drucker aus Sydney, erfand den (später von Barnaby Ruhe und Eric Darnell nachgeahmten) „Wilhelm-Tell-Wurf“: Er ließ sich im Tivoli-Theater in Sidney vom zurückkehrenden Bumerang einen Apfel vom Kopf schlagen.
Herb Smith, Sussex, England, gelang es, 11 Bumerangs – einzeln nacheinander geworfen – gleichzeitig in der Luft zu haben (Most rangs in the air).
Joe Timbery, Aborigine in Sydney, warf 10 Bumerangs mit einem Wurf bei einer Vorführung anläßlich des Besuchs von Queen Elisabeth II. in Australien. Außerdem konnte er mit den Füßen fangen.
Felix Heß, Holland, warf 1969 einen Bumerang um das Washington Monument herum, dessen Grundfläche ein Quadrat von 16,9 m Kantenlänge bildet.
Bevan Ryner warf die kürzeste Entfernung, 1,85 m mit einem Bumerang von 40 cm Spannweite.
Willi Urban, Leutershausen, gelang ein Dreifach-Wurf, 3 Bumerangs geworfen und gefangen innerhalb von 18 Sek.
Gebrüder Burwell, Slacks Creek, Queensland, bauten den kleinsten Bumerang mit Wurfradius über 20 Meter: 11,1 cm Spannweite.
Howard Baker, Balby, U. K. gelang der beste Doppelwurf; er warf gleichzeitig einen Linkshander und einen Rechtshander; einer landete über dem anderen zwischen seinen Füßen.

Die Liste der gegenwärtig gültigen Rekorde hingegen liest sich schon seriöser:

Wettkampf-Art	Leistung	Rekord-Inhaber
1. Long distance (Weitwurf)	114 m	Peter Ruhf, USA
2. M. T. A. (Langzeit)	36,3 sec	David Schummy, U. K.
3. Consecutive catch (Ununterbrochenes Fangen)	400 mal	Nick Mc Auliffe, USA
4. Juggling (mit zwei Bumerangs, immer einer in der Luft)	150 catches	Chet Snouffer, USA
5. Fünf fast catches (fünf schnelle Fänge)	23,77 sec	John Flynn, USA
6. Most rangs in the air	14	Adrian van den Berge, Holland

Die Geschichte der Rekorde

Die Entwicklung des modernen Bumerangsports umfaßt einen verhältnismäßig kurzen Zeitraum, so daß noch feststellbar ist, in welchen Schritten sich einige der heutigen Rekordleistungen entwickelt haben. Wir werden an zwei Beispielen solche Entwicklungen nachzeichnen und die anderen Rekorde nach ihrer Entstehung etwas kürzer skizzieren. Fünf Original-Rekord-Bumerangs werden wir als Bauplan vorstellen. Am Beispiel M. T. A. kommen noch drei weitere Baupläne hinzu. So kann der interessierte Leser diese Stücke nachbauen und seine persönliche Leistungsfähigkeit überprüfen.
Wenn in den kommenden Abschnitten, trotz Ben Ruhes Mahnung, viel von Sekunden und Sekundenbruchteilen, von Metern und Zentimetern die Rede ist, so ist dennoch der Kampf um die Hundertstel nicht das Wichtigste, denn zur Bumerang-Leistung gehört ja immer auch das Gerät. Und in ihn ist das Wissen und die Erfahrung vieler Bumerangwerfer eingegangen; denn niemand hält seine Konstruktionsideen, aber auch seine Wurf- und Fangtricks geheim. Solche Inhalte werden vielmehr bumerangweltweit verbreitet. Wenn also ein Wettkämpfer in seiner Werkstatt sein Gerät baut, dann verwendet er fast immer schon das Wissen der anderen. Der Zusammenhang zwischen Gerät und Werfer wird vielleicht am besten am Long distance-Beispiel deutlich: Der bisherige Rekord-Inhaber, Al Gerhards, baute für Peter Ruhf einen Bumerang, mit dem Peter dann des Erbauers Weltrekord gebrochen hat.

Das erste Beispiel: Long Distance (Entfernungswerfen)

Man kann sich leicht vorstellen, daß es Wurfleistungen gibt, die eindeutig bestimmbar sind, (z. B. Consecutive catch, M. T. A.) und daß andere auch bei hohem Meß-Aufwand schwer genau registriert werden können. Das betrifft vor allem den Long distance-Wettbewerb. Denn wie soll man feststellen, wie weit der Bumerang wirklich geflogen ist? Bei anderen sportlichen Wurfgeräten ist die Entfernungsleistung bis auf den Zentimeter genau bestimmbar: Von der Abwurflinie bis zum beobachtbaren (und „fest"liegenden) Auftreffpunkt: Schlagball, Diskus, Speer, Hammer. Der Bumerang jedoch ist gerade an der Stelle, an der er die größte Entfernung erreicht hat, am höchsten in der Luft; außerdem bewegt er sich lebhaft. Mit welchem Genauigkeitsgrad können also Wurfentfernungen gemessen werden?
Beginnen wir mit der frühesten Eintragung für diesen Wettbewerb: 4. Mai 1934. Frank Donellan, der „Inhaber aller Rekorde", wirft im Centennial Park in Sydney 142 yards – so Duncan Mac Lennan, 160 yards ohne catch, 140 yards mit catch – so Ben Ruhe. Und wie wurde die Leistung gemessen? Die Entfernung wurde einfach abgeschritten (!).
Dagegen war die nächste Leistung ein im Rahmen des Möglichen sehr gut dokumentierter Wurf:
Am 17. Juni 1972 warf Herb Smith, Sussex, U. K., auf einem Sportgelände in Littlehampton 108 yards, 1 foot, 4 inches ($\simeq$ 99 m). Wie wurde dieser Wurf dokumentiert? Nachdem Herb – inoffiziell – schon Würfe über eine Entfernung von über 120 yards mit korrekter Rückkehr über die Abwurflinie geleistet hatte, benachrichtigte er die Presse von seiner Rekord-Absicht, regelte mit dem örtlichen Sportclub die Platzfrage und gewann 7 freiwillige Helfer und Zeugen, einschließlich des Oberschiedsrichters des Clubs. Der 17. Juni 1972 war warm und sonnig, Windgeschwindigkeit zwischen 8–10 km/h. Auf der Abwurflinie waren zwei Pfosten in 2 m Entfernung vonein-

ander eingeschlagen. Neben jedem Pfosten stand ein Helfer, um zu überwachen, ob Herb übertritt und ob der Bumerang die Linie korrekt wieder überfliegt. Die anderen vier Helfer standen etwa 90 yards entfernt mit einem Zwischenraum von jeweils einigen Fuß voneinander in einer Reihe. Mit kleinen Holzpflöcken konnten sie die von ihnen beobachtete Entfernung des sich zurückwendenden Bumerangs auf dem Boden markieren. Dann wurde mit einer Nylon-Leine eine Verbindung

Entfernungsmessung beim Weltrekord von Herb Smith

zwischen Pflock und Abwurfpunkt markiert. Da entlang wurde dann mit einem Bandmaß gemessen. Außerdem wurden die Würfe bezeugt von Beobachtern, Presse-Fotografen und Club-Mitgliedern.
Der verwendete Bumerang war ein abgewandelter „Gem“ von Herb Smith, dessen Bauplan im Anhang zu finden ist.
Herb wurde dann von Ben Ruhe eingeladen, auf dem Smithsonian Boomerang Tournament 1976 in Washington seine Long distance-Würfe vorzuführen. Er eröffnete den Wettbewerb mit einigen Schauwürfen seines „Sussex Hooks“. Auf diese Weise hatte Herb das Weitwerfen in den USA eingeführt, und einer der Zuschauer war „Big Al“ Gerhards, der mit seinem Al Gerhards Hook einen neuen Rekord über 123 yards $\simeq$ 112 m aufstellte, der lange Zeit nicht gebrochen wurde. Al baut seine berühmten Hooks aus edlen Hölzern, lamelliert und mit Gewichten versehen. Auch ich besitze ein solches Stück. Leider habe ich es bisher wenig benutzt. Mir scheint, es fehlt mir an der nötigen Wurfkraft, um den Hook dazu zu bringen, seine Kreisbahn zu vollenden. Außerdem habe ich die Gestaltung des Profils bei Hooks über 6 mm Stärke noch nicht durchschaut.
Auch für den jetzigen Rekordinhaber, Peter Ruhf, Linkshänder, hat Al einen Bumerang gebaut, mit dem Peter zwei Jahre lang überhaupt nicht zurechtkam; erst nachdem er die Stärke auf 5 mm reduziert hatte und dem Arm II einen leicht negativen Anstellwinkel angebogen hatte, wurde das Gerät ein „Geschenk der Götter“, wie Peter schreibt.
Ich berichtete, daß Al Gerhards' Rekord lange Zeit bestand. Aber dann, 1982, geschah es: „Schreibt die Listen um!“ schrieb Chet Snouffer. Peter Ruhf aus Barto P. A. hatte einen neuen Distance Rekord von 125 yards = 114 m geworfen. Der Australier Bob Burwell kam auf 124 yards = 113 m. Sie hatten vorher einige Würfe zwischen 130 und 135 yards geschafft, die Bumerangs verfehlten jedoch die korrekte Rückkehr. Was war geschehen? Die Leute des „Guiness Book of Records“ hatten einen Tag festgelegt und bekanntgemacht, daß im Randwick Racecourse in Sydney der Long distance Rekord angegriffen werden sollte. Sie investierten 30 000 $, um die Werfer, die Schiedsrichter und die Ausrüstung an den Austragungsort zu schaffen. Peter Ruhf kam extra aus den USA. Seine 125 yards waren ein neuer Weltrekord. (Der berühmte Al Gerhards Hook ist ebenfalls als Bauplan im Anhang zu finden, Bauplan Nr. 2).

Das zweite Beispiel: Langzeitflug (M.T.A.) oder: Die Verwirklichung einer Idee

M.T.A. bedeutet Maximum Time Aloft und heißt wörtlich übersetzt: Längste Zeit oben. Wir wählen die Bezeichnung Langzeitflug. Ich berichte hier etwas persönlicher und ausführlicher, denn dieser Wettkampf-Bereich befindet sich in einer stürmischen Entwicklung, das bedeutet in diesem Zusammenhang, die Flugzeiten erhöhen sich dramatisch. Außerdem hatte ich mit der Konstruktion eines entsprechenden Bumerangs, des Wilhelm-Bretfeld-Designs, einen wesentlichen Anteil an dieser Entwicklung. So kann dieser Bericht zeigen, welche Möglichkeiten sich auch dem Anfänger im Bumerangsport bieten, wenn er sie sieht und auch zu verwirklichen sucht.
Als ich im Jahre 1980 mit dem Bumerangwerfen begann, zeigte sich bald, daß mein Hauptinteresse darin lag, den Bumerang vor allem als Fluggerät zu sehen und so auch mit ihm umzugehen. Sicherlich begründet in der Tatsache, daß ich seit meinem elften Lebensjahr Flugmodelle gebaut hatte und seit meinem vierzehnten Jahr Segelflieger gewesen bin, versuchte ich, da ich nun wieder eine Art Fluggerät zum Umgang zur Verfügung hatte,

naiv meinen eigenen Weg in die Welt der Bumerangs zu gehen, einen eigenen Weg, wohlgemerkt, aber nicht isoliert von den anderen Werfern in der Welt. Mein wichtigster Gedanke war: Laß das Holz fliegen. Infolgedessen waren meine ersten selbstgebauten Bumerangs riesige Gebilde mit 60 cm Spannweite, hohler Unterseite und bis zu 5 Bleigewichten. Sie flogen weit und hoch und rotierten sehr schnell. Mein Respekt vor diesen schnell rotierenden, scharfkantigen Riesen ließ mich weiterhin mit eigenen Fangversuchen zurückhaltend bleiben, deutlicher gesagt: Ich hatte nicht den Mut, sie zu fangen. Ich fand dann heraus, daß es Birkensperrholz von so hoher Festigkeit gab, daß ich meine Riesenbumerangs aus Material von nur etwa 3 mm (!) Stärke bauen konnte. Als dann am 6. Dezember 1981 einer meiner Langflieger 28,4 sec in der Luft blieb, spürte ich, auf einem richtigen Weg zu sein; denn der Langflug-Rekord wurde von Mike Forester, USA, mit 26 sec gehalten. Technisch wurden mit meinen Langflug-Bumerangs folgende Ideen verwirklicht, die ich deshalb Ideen nenne, weil ihnen nicht Berechnungen, sondern eher gefühlsbestimmte Vorstellungen zu Grunde lagen. Ich dachte: Dünnes Material ergibt einen Bumerang mit geringem Gesamtgewicht. Deshalb wird es möglich, bis zu etwa 8 g schwere Bleigewichte an Flügelenden und Ellbogen anzubringen. Das ergibt als Ergebnis eine hohe, stabile Drehgeschwindigkeit – Voraussetzung für jeden befriedigenden Flug eines Bumerangs. Ich vermutete weiter, daß es für Drehgeschwindigkeit und Kreiselwirkung günstig sei, wenn Flügel I länger ist als Flügel II. Weiter: Bei dünnem Material wird der Luftwiderstand trotz großer Drehgeschwindigkeit klein gehalten. Geringer Luftwiderstand in Verbindung mit großer Drehgeschwindigkeit ergibt eine geringe Sinkgeschwindigkeit. Und endlich: Eine geringe Sinkgeschwindigkeit ergibt, in Verbindung mit großer Flughöhe, eine lange Flugzeit. Die Pläne Nr. 3–5 zeigen die Entwicklung bis zum Bretfeld-Design.

Sollten allerdings die langen Flugzeiten keine Zufallsergebnisse bleiben (denn das waren sie bisher), mußte noch eine Voraussetzung erfüllt werden, die mit dem Gerät und der Wurfart zusammenhing: Der Bumerang mußte einen stabilen hover (= Schwebeflug) erreichen. Und da haperte es bei mir. Häufig kippte mein Bumerang in der Höhe zur Seite weg und sauste dann, sich drehend, im Sturzflug zur Erde. Für mich kamen noch zwei kleine, jedoch sehr deprimierende Ereignisse hinzu. Erstens flog der „Langzeit"bumerang, den ich Mick Hanson nach Schottland überbringen ließ (Mick Hanson ist der Autor des ersten Buches, das ich über Bumerangs gelesen habe), ganze 5 sec in der Luft, zweitens ließ mich John Jordan, der liebenswerte Generalsekretär der „British Boomerang Society", dezent wissen, daß in der Fachwelt niemand die von mir arglos mitgeteilten Flugzeiten glauben wollte. Ein harter Schlag für mich. Denn wenn man allein auf der Wiese steht, die Stoppuhr in der linken Hand, den Bumerang zum Wurf bereit, im Augenblick des Abwurfs die Stoppuhr drückt, den Flug mit den Augen verfolgt, dann in dem Moment die Zeit stoppt, wenn der Bumerang wieder den Erdboden berührt, dann ist es für mich selbst ausgeschlossen, die Bumerangwerfer in aller Welt mit falschen Angaben hinters Licht zu führen. Ich war niedergeschmettert und tief entmutigt. Ich wollte kein Bumeranglatein verbreiten, wohl aber meine Freude über das Erreichte weitersagen.

Dennoch machte ich bald weiter, unter mehrfacher Hilfestellung aus England. Hier hatte sich eine eigene Langzeitflug-Entwicklung vollzogen, am besten bezeichnet mit den Namen Tony Slater, David Schummy und Robert Leckie. Sie bauten einen 4 mm Bumerang mit

langen, gleich langen, schmalen Flügeln (siehe Plan Nr. 6), untere Flügelseiten konvex, mit Gewichten versehen. Einige Leistungen:
David Schummy, April 1983 in Bièvres bei Paris: 33,3 Sekunden, mit Fang
Tony Slater, Sommer 1983 in England, 40,5 Sek. ohne Fang
David Schummy, 17. 8. 83, England, 36,3 Sek. mit Fang, Weltrekord.
Die letztgenannte Leistung wurde jedoch wiederum mit einem Bumerang „based on a design by Wilhelm Bretfeld“ erbracht.
Hilfe für mein Problem des stabilen hovers empfing ich einmal durch eine kleine Notiz von John Jordan sowie durch zweimalige, freundliche Belehrung von Robert Leckie, der mir erklärte, was „dihedral“ (= leichte V-Form der Bumerangflügel) und „washout“ (= leicht negativer Anstellwinkel der Flügelenden) bedeuten und warum sie für den Langzeitflug wichtig sind. Später veröffentlichte Tony Slater vier wichtige Regeln, um ein stabiles „Kreiselschweben“, einen stabilen hover zu erreichen. Ich gebe die Regeln hier wieder. Sie sind übrigens ein hervorragendes Beispiel für ein Tuning, d. h. ein Einfliegen auf höherer Stufe.
1. Wenn der Bumerang im Geradeausflug verharrt, nicht eindreht, trotz kräftigen Wurfes, und dann nach unten taucht: washout am Flügel I vergrößern.
2. Wenn der Bumerang normal zurückkommt, aber nicht aufsteigt: die V-Form beider Arme vergrößern.
3. Wenn er gut gestiegen ist und auf dem Rückflug stark an Höhe verliert, etwa wie ein Flugzeug beim Sinkflug, washout am Arm II vergrößern.
4. Wenn alles gut verläuft, aber der Bumerang beim hover schaukelt: Mehr Gewicht an den Ellbogen, aber Vorsicht, nicht zu viel.
1982 veröffentlichte John Jordan in seinem Informationsblatt meinen Artikel „M.T.A. – my way“. Darin berichtete ich nicht nur von der Entwicklung meiner Langflugbumerangs, sondern versuchte gleichzeitig die Frage zu diskutieren, wie M.T.A. überhaupt zu definieren sei, ob also das Fangen unbedingt dazugehöre. Das letzte hätte ich lieber nicht tun sollen. Denn es entspann sich eine monatelange, hitzige Debatte über das Thema „to catch or not to catch that's the question.“ Ich habe viele hilfreiche Zuschriften bekommen, insbesondere einen langen Brief von Rusty Harding, aber auch bissige Bemerkungen lesen müssen. Ich hatte die Frage, ob es nicht auch ohne Fangen geht, aus zwei Gründen gestellt:
1. Konnte ich damals nicht sehr sicher fangen,
2. (das verrate ich hier zum ersten Mal) hätte ich auch gar nicht fangen können, weil ich in der linken Hand die Stoppuhr hielt. Aber ich will zwei der kritischen Stimmen zitieren. Die erste übertreibt die Gefährlichkeit des Geräts und stammt von Bob Foresi: „Wenn du versuchst, diesen Bumerang-Typ zu fangen, und ihn verfehlst, dann zähle deine Finger, um sicher zu sein, daß sie noch alle dran sind.“
Und Barnaby Ruhe, der mit dem „Wilhelm-Tell-Wurf“, wurde noch energischer. Er kritisierte nicht nur das Gerät, sondern auch die von ihm mit Recht befürchtete Einschränkung der sportlichen Delikatesse: „Der catch im M.T.A. ist ein ästhetisches und dramatisches Muß. Das macht Sinn. Warum verrückt sein? Warum sicher? Ich persönlich werde sie fangen, mit bloßen Händen, diese nicht auffangbaren Rasenmäher-Messer, von denen Foresi und Bretfeld annehmen, sie seien dazu ungeeignet. Dies sage ich als Kampfansage und Antwort an solche, die einem aufkommenden volkstümlichen Sport den Mumm und den Schwung nehmen wollen. M.T.A. ist das Spitzenereignis im Kampf draußen. Kämpfen und Fangen sind der halbe Sport. Denkt ihr alle daran?“ Die Heftigkeit des Tones überraschte mich. Aber innerlich mußte ich Barnaby recht geben. So habe ich mich auch zum Abschluß

der Debatte geäußert. (Und heute übe ich das Fangen auf den Knien, damit ich auch jede M.T.A.-Sekunde heraushole. Verbessert haben sich meine Zeiten noch nicht). Jedenfalls war die M.T.A.-Debatte für mich beendet. Ich wollte überlegen, wie ich bessere Langflug-Bumerangs bauen konnte und hatte hier vor allem mit Lack-Problemen zu tun.

Jeder Leser wird sich meine Überraschung und Freude vorstellen können, als ich zwei (!) Jahre später einen Brief aus Washington, D.C. bekam. Diesmal war ich es also, ein Newcomer, den der Welt-Registrator Ben Ruhe mit einem Brief bedachte, der so begann: „The news is that your 'rang design is creating a stir in the U.S. . . ." Was sagt das Wörterbuch? to create a stir = Aufsehen erregen. Er berichtete mir weiter, daß mein Bumerangdesign in den USA sensationelle Erfolge ermöglicht hatte und weiterhin erwarten läßt. Der Inhaber des Weitwurf-Rekordes, Peter Ruhf, hatte sich eine Anzahl Geräte nach meinem Entwurf gebaut und folgende Zeiten erflogen: 38 Sek., 40,2 Sek., 44,1 Sek., alle mit Fang. Der nächste Artikel über Langflug war schon überschrieben mit: „Look out, World!" Darin meint Peter Ruhf, die Minute wäre noch im Jahre 1984 zu erreichen. Würde er Recht behalten? Zunächst erhielt ich die Nachricht, Jerry Caplan, Los Angeles, habe 51 Sek. gestoppt, jedoch ohne Fang. Ich empfing noch eine weitere kleine „Ehrung": Chet Snouffer „verlieh" mir den Titel „modern father of M.T.A."

Den Höhepunkt und Abschluß dieser Entwicklung bildet nun eine ganz und gar unglaubliche Nachricht: Peter Ruhf hat mit meinem Langflug-Typ eine Zeit von 1 min 35 sec mit catch geworfen, mit der halben Nationalmannschaft der USA als Zeugen, gestoppt von dem gleichen Barnaby Ruhe, der den Ausdruck Lawn-mower-blades (= ‚Rasenmähermesser') geprägt hatte. Ich bekam also das zweite Mal Post aus Washington, am 30. 4. 1984 „. . . The news is that Peter Ruhf did a 1 minute 35 seconds with catch M.T.A. throw. Witnessed by half to the U.S.team. Full account in my next newsletter . . ." Natürlich erwartete ich dies Exemplar mit großer Spannung. Unter der Überschrift „Durchbruch" gab Ben noch einmal einen zusammenfassenden Bericht über die M.T.A.-Entwicklung. Dann konnte ich über den Rekord-Wurf lesen: . . . Peter schlug einige M.T.A.-Würfe vor. Gleich sein erster Wurf gelang. Er warf eine Riesenhöhe. Erst etwa 15 sec nach dem Abwurf (!) stoppte Barney Ruhe die Zeit. Der Bumerang schwebte und schwebte, immer die gleiche Höhe von etwa 30 Metern haltend. Als er sich langsam herabsenkte, begann Peter ihn zu verfolgen, wobei er zweimal stürzte. Endlich fing er ihn, etwa 30 Meter vom Abwurfpunkt entfernt. „Leicht wie eine Feder" sei der Bumerang heruntergekommen, habe Peter später gesagt. Allerdings: das Ganze fand statt an einem Hang, im Hangaufwind. Deshalb konnte Ben Ruhe auch schreiben. „Also, was ist? Zwei Minuten? Drei? Vier? Wir werden sehen." In einem liebenswürdigen Kommentar hat der Welt-Registrator die Entwicklung zusammengefaßt: „Wirkliche dramatische Spannung hat die Welt des Bumerang-Wettkampfes erfüllt. Und das geschah auf die erfreulichste Weise: Über eines deutschen Lehrers Vision, ihrer Weiterentwicklung durch zwei Engländer und vollendet durch Amerikas Spitzen-Werfer."

Ich selbst sehe in dem Langwurf Peter Ruhfs – neben der hervorragenden Wurf- und Fangleistung – noch einige interessante Perspektiven:

1. Daß der catch doch wichtig zu sein scheint, wenn nicht das Bumerangfliegen zu einem abgewandelten Modellfliegen werden soll, einen Gedanken, den Rusty Harding in einem etwas besorgten Brief an mich im Verlauf der Langzeitflug-Debatte geschrieben hatte.

2. Daß mit dieser Eingrenzung nun doch das Bumerangfliegen im Aufwind – im realistischen Sinne des Wortes – möglich wird, auch als wettbewerbsfähige Leistung. Damit vollendet sich meine eigene Vision. Hatte ich doch schon – wenn auch als sehr unvollkommener Werfer – in diesem Sinne meine ersten Versuche gemacht: im Hangaufwind des Roten Kliffs auf Sylt und auf der dortigen großen Wanderdüne.
3. Und wiederum speziell für mich als „Schwacharmer"! Sollte es um einige Minuten Flugzeit gehen, ist der Kraft-Anteil der Wurfleistung nicht mehr der entscheidende Faktor für die Flugzeit. Jetzt kommen ganz andere Faktoren ins Spiel: Das Wurfgeschick, ein Bumerang mit absolut stabilem hover, das Gelände, der Wind in günstiger Richtung und angemessener Stärke: Stark genug, um Aufwind zu erzeugen, aber wiederum nicht so stark, daß er den Bumerang ins Lee weht, unfangbar.
Wenn man sich vorstellt, daß die zukunftsträchtige Perspektive besonders aus Punkt 3 sich in den wenigen Tagen ergeben hat, in denen diese Zeilen als Manuskript geschrieben wurden, dann spürt man vielleicht, daß die Rede von den unerschöpflichen Anregungsbereichen des Bumerangsports keine Phrase ist.

Die Möglichkeit zur Zusammenstellung weiterer Beispiele verdanken wir Mick Hanson, der seine Anregung verwirklichte, die Welt-Rekord-Inhaber über den Verlauf ihres Rekordes berichten zu lassen und sie weiterhin zu bitten, ihr Rekord-Gerät so vorzustellen, daß man es nachbauen kann. Ich finde, es ist ein erfreulicher Gedanke, daß ich bei günstigem Wetter meinen Mc Auliffe-Trapeziod von der Wand nehmen kann, um zu versuchen, es dem Erbauer nachzutun – und, wenn der Bumerang schon nach dem 8. Wurf auf der Wiese liegt, zu erkennen, wieviel man noch lernen muß, ehe man Weltklasse erreicht hat. Es folgt also nun

Das dritte Beispiel: Consecutive Catch (Fangen ohne Unterbrechung)

Nick Mc Auliffe: 400 Fänge/dann abgebrochen.
Am 4. Juli 1983 wollte Nick während der abendlichen Windstille am Strand seines Heimatortes einmal versuchen, wie weit er wohl käme. Er hatte bisher 210 mal hintereinander gefangen und wußte, daß der bestehende Rekord bei etwa 300 lag. Er entschied, auf jeden Fall bei 400 aufzuhören, falls er die Zahl überhaupt erreichen sollte. Die 90 Minuten, die sein Rekord etwa dauerte, ließen ihn den befriedigenden, wenn auch monotonen Rhythmus dieses Marathonwerfens erleben, eins mit der Natur, dem Wind und der Brandung.
Der Bumerang besteht aus 6,3 mm Birkensperrholz und ist den überall in den USA verwendeten Omegas nachempfunden, obgleich die geraden Umrißlinien das nicht vermuten lassen. Natürlich erleichtern sie die Herstellung. Nick berichtet, daß auch das Fangen mit einer Hand durch die von ihm verwendete Form erleichtert wird. Das Design erlaubt die Verwendung von Gewichten. Ein Penny an jedem Flügelende vergrößere den Radius um 50 %; außerdem bleibe der Bumerang näher am Boden (siehe Bauplan Nr. 7). So hat Nick noch einen zweiten Rekord zu vermelden: Im Sommer 1982 verwirklichte er sich einen lang ersehnten Traum (den offenbar viele Bumerangwerfer träumen, wie wir noch sehen werden): Morgens sehr früh – ab 6.00 Uhr gibt es Polizeiposten – gelangen ihm acht Würfe und Fänge um das Washington-Monument herum. „Ein Akt des Glaubens ist es, wenn man den Bumerang verschwinden sieht – meist scheint die Zeit zu lange – bis er dann auf der anderen Seite zum Fangen herumkommt – ein wirklich aufregendes Erlebnis."

Ich habe Nicks Trapezoid auch in 5 mm Stärke mit zwei Bleigewichten hergestellt. Außerdem habe ich den waagerechten Teil um einige Zentimeter verlängert, damit ich es mit dem Schwingschleifer besser bearbeiten kann. Auch alle variierten Stücke fliegen hervorragend und kommen exakt zurück, selbst einer, der, aus welchen Gründen auch immer, exzentrisch fliegt. Er „eiert" also und kommt doch schwungvoll zurück.
Nach Fertigstellung des Manuskripts erreichte mich die Nachricht, daß der Australier Robbie Croll, Mount Waverly, Victoria, den 400er-Weltrekord gebrochen hat. Seine neue Weltbestleistung: 653 Fänge.

Das vierte Beispiel: Juggling (eigentlich: Jonglieren)

(Mit zwei Bumerangs, die jeweils nacheinander geworfen werden: Wurf B.I, Wurf B.II, Fang B.I, Wurf B.I Fang B.II, . . .)
Chet Snouffer: 150 Doppelfänge
Chet begann eine Stunde vor Sonnenuntergang und brauchte seinen Standort nicht zu verlassen. Auch er hält – wie Nick Mc Auliffe – die sehr leichte und regelmäßige Abendbrise am Strand für die Voraussetzung für Rekordleistungen. Er berichtet von einem regelmäßigen Rhythmus, der einen ungenauen Wurf von vornherein verhindert: 2, 3, 4, – throw, 2, 3, 4, – catch, 2, 3, 4, – throw, 2, 3, 4, – catch usw. So ein Rekord, sagt Chet, verlangt Ausdauer und geistige Robustheit, Durchhaltevermögen. Schnelles Reagieren ist für die wenigen Fälle nötig, in denen leichte Unregelmäßigkeiten des Wurfs ausgeglichen werden müssen. Auch leichtesten Änderungen des Windes muß sich der Werfer blitzschnell anpassen. Nur ein guter Wurf ist Voraussetzung für den Fang: dann kann man kurz entspannen und sich auf den nächsten Fang konzentrieren. Der Bumerang, Seabreeze II, ist eigentlich entstanden, um den Abfall beim Omega-Bau zu verringern (siehe Bauplan Nr. 8).

Das fünfte Beispiel: Fünf Fast catches (Schnelles Fangen)

Der Bumerang muß – bei mindestens 20 m Wurfradius – 5mal in möglichst kurzer Zeit gefangen werden. 1 Fehler (= Nichtfang) ist erlaubt.
John Flynn: 23,77 Sek.
Diese unglaublich kurze Zeit wurde nach einer Reihe „dramatischer Ereignisse" von John im Jahre 1982 in Amhurst, USA, erreicht. Drei Sachverhalte scheinen mir bemerkenswert:
1. Auch hier wurde die bestehende Rekordleistung erheblich verbessert.
2. Es gab eine enge Zusammenarbeit zwischen dem Bumerang-Bauer und dem Werfer.
3. Ohne Gewichte ging es nicht.
Und so entwickelten sich die Leistungen: Der Weltrekord wurde gehalten von Bunny Read, Australien, mit 33 Sek. Am 14. August 1982, einem „schnellen Tag", wurde er gleich dreimal unterboten: Durch Chet Snouffer in Delaware OH mit 28,2 Sek., in Massachussetts durch Larry Ruhf mit 29,38 Sek. und durch John Flynn aus New Lebanon NH mit 26,81 Sek. Kurze Zeit später verbesserte John seine Leistung auf 23,77 Sek. – der neue Weltrekord. John berichtet, daß er außerhalb von Wettbewerbsbedingungen schon 22 Sek. erreicht hat. Die kürzeste Zeit für eine Flugrunde seines Bumerangs beträgt 3,1 Sek. Über den verwendeten Bumerang wird allerhand geschrieben und erzählt (Sie finden ihn als Bauplan Nr. 9). Es ist ein Stück mit unten hohlem Profil, also entsprechend vielen Gewichten, die während des Wettkampfes selbst so behelfsmäßig angebracht worden sind, daß der Bumerang nicht nur ein Aussehen „wie vom Müllplatz" zeigte; auch gab er bei jedem Fang ein richtiges Geklapper von sich.

Eric Darnell, der Erbauer des Bumerangs, über sein Gerät: „Das Geheimnis seiner Wirkung liegt bei John Flynn, denn ein guter Bumerang allein macht keine Rekorde". Dieses Geheimnis beschreibt er so: „John benötigte nur kurze Zeit, um ein sehr guter Werfer zu werden. Er machte sehr schnell Fortschritte im Werfen und baute bald seine eigenständigen Designs. Seine absolute Genauigkeit beim Werfen, seine schnellen Reaktionen und seine sichere Hand machen ihn für das schnelle Fangen wie geschaffen. Er hat sehr schnell mein Bumerang-Konzept verstanden und es nach seiner Art weiterentwickelt." – Also doch: „Geheimnisvoller Bumerang?"
Und noch: Man hatte sie ausgelacht wegen ihres Müll-Bumerangs. Kaum aber war die Leistung erbracht, wurden schon 50 Dollar für das Ding geboten, natürlich ausgeschlagen (Herb Smith war nach seinen Weitwürfen in Washington ein Blanko-Scheck für seinen Sussex-Hook angeboten worden – von Herb natürlich ausgeschlagen). Solche Angebote, aus der Begeisterung über die miterlebte Leistung gewiß verständlich, übersehen die Einheit von Werfer und Gerät. Die potentiellen Käufer meinen vielleicht, wenn sie das Gerät haben, dann vollbringen sie dieselbe Leistung. Ganz sicher der falsche Schluß. Um die Leistung zu erreichen, müßte man den Werfer gewissermaßen mit kaufen. Deshalb ist es für das fortgeschrittene Stadium des Bumerangwerfens so wichtig, daß man sich entweder mit gekauften Geräten sehr vertraut macht, vorausgesetzt, sie liegen einem überhaupt, oder daß man sich, selbst entwerfend und bauend, sein Gerät erschafft, mit dem man dann (vielleicht) Besonderes leisten kann. Dennoch können auch „fremde" Bumerangs häufig überraschende Anregungen zur Folge haben, vor allem, wenn man das besonders gut gelungene Stück eines Freundes in Empfang nehmen darf. Der eigene Bau/Wurf/Fangstil kann enorm bereichert werden.

Wettkämpfe

Der Mensch ist nicht nur der homo faber, er ist auch ein homo ludens. Zum Spiel gehört der „Kampf um etwas", auch wenn dieses Etwas nichts Materielles ist; denn Spiel ist immer freies Handeln, überflüssig, nicht das eigentliche Leben, aus dem es heraustritt in die zeitweilige Sphäre einer Aktivität mit eigener Tendenz. Mit seinen Regeln schafft es einen begrenzten Ordnungsrahmen außerhalb des bedürfnisorientierten Lebens – so lauten einige Gedanken Huizingas, die leicht auf unser Bumerangspiel übertragbar sind. Der Ernst, mit dem auch an Kleinigkeiten gearbeitet wird, mit dem „gekämpft" wird, mit dem man versucht, sich zu vervollkommnen, ist gleichzeitig aufgehoben in der Welt des Spiels, in der etwas mit „spielt", was über den unmittelbaren Drang nach Lebensbehauptung hinausgeht und doch Sinn macht.
In diesem Abschnitt soll ein Überblick gegeben werden über Sachverhalte und Möglichkeiten von sportlichen Wettkämpfen mit Bumerangs. Auch hier werden wir differenzieren, und vor allem sollte es keine Schwierigkeiten machen, jeden Interessenten zu ermutigen, auf seiner Stufe der Fähigkeiten sich im Wettkampf mit Freunden zu messen. Wer weiß? Oder konnte jemand voraussehen, daß der 13jährige David Schummy, als er am 12. April 1981 beim Horniman-Dulwich-Park-Throw-In in London den 2. Platz von 3 Teilnehmern der Junior-Klasse „errang", drei Jahre später schon, als 16jähriger, den Weltrekord im Langzeitflug hält?

Die Wettkämpfer

In diesem Sinne nun einige Worte zu uns als Wettkämpfern. Direkte Wettkampf-Erfahrung habe ich nur als Teilnehmer an den

Deutschen Bumerang-Meisterschaften 1981 in Heidelberg. Was lief da ab? Wie fühlte ich mich als Teilnehmer mit äußerst gering entwickelten Wurf- und Fangfähigkeiten – die ja immerhin beim Mannschaftswettkampf für das Ergebnis eine wichtige Rolle spielen und von den übrigen, vielleicht sehr viel geschickteren Teilnehmern viel Geduld, ja Toleranz erfordern. Ich war wohl dreimal so alt wie der Durchschnitt der übrigen Teilnehmer und wurde ein sofort akzeptierter Mitstreiter. Mit ernster Anstrengung, aber gleichzeitig mit viel Spaß absolvierten wir die Kämpfe. Von den übrigen Teilnehmern angefeuert, konnten wir unsere Leistungen steigern und fühlten uns bald ein wenig mehr zugehörig zu der Gruppe aller Teilnehmer und Veranstalter bei der wichtigsten/unbedeutendsten Sache der Welt: dem Bumerangwerfen. Ich sehe gerade die Ergebnisliste: Im Genauigkeitswerfen erreichte ich den 3. Platz von 14 Teilnehmern, meine Mannschaft erreichte trotz meiner Teilnahme den zweiten Platz von vier Mannschaften.
Dieses Beispiel möchte Anfänger noch einmal ermutigen, bei Wettkämpfen nicht nur zuzuschauen, sondern mitzumachen; denn noch sind die Teilnehmerzahlen so gering, daß sie nicht durch Auswahlkämpfe verringert werden müssen.
Und nun zu einem Spitzen-Mann: Peter Ruhf wurde gebeten, einige Wettkampf-Tips zu geben. Ich versuche, sie übersetzt-verkürzt wiederzugeben. Peter hält nicht nur die Weltrekorde fürs Entfernungswerfen und für M.T.A., er gehört außerdem der USBA-Mannschaft für den Wettkampf gegen die Australier an. Doch hören wir ihn:
„Wettbewerbe fordern des Menschen Freude daran heraus, Vollkommenheit und Anerkennung zu erreichen. Sie geben uns Einblicke in unser eigenes Wesen und prüfen unsere innere Kraft. Die Ehre, gegen einen angesehenen Gegner zu kämpfen, ist etwas Schönes. Das Training, das der Vorbereitung eines solchen Wettkampfes vorausgeht, erfordert nicht nur viele Stunden praktisches Werfen und Fangen; es erfordert ebenso die Entwicklung einer inneren geistigen Einstellung, die es dem Wettkämpfer ermöglicht, konzentriert, entspannt und sich seiner Leistungsfähigkeit bewußt zu sein.
Um meine Konzentrationsfähigkeit zu steigern, benutze ich eine Visualisierungstechnik, eine Technik, innere Vorstellungen zu aktivieren. Ich versuche, mir den Wurfplatz vorzustellen; ich fühle die leichte Brise, meinen Körper. Ich stelle mir nun den Abwurfplatz vor und den genauen Neigungwinkel. Ich „mache“ die Schritte zum Wurf, werfe den Bumerang, fühle meinen Körper in Bewegung und beachte, daß er genau dahin kommt, wohin ich will. Ich stelle mir dann die gesamte Flugbahn vor, vom Abwurf bis zum Fang. Es ist alles in meinem Geist. Bumerang – Zen.“
Noch ein praktischer Hinweis von Peter: „Wenn der Bumerang kommt, atme ich voll aus, dann atme ich langsam ein und empfange den Bumerang in meiner Hand. Indem ich mich aufs Atmen konzentriere, ist meine Aufmerksamkeit geteilt und der Bumerang und meine Hand finden einander . . .“

Die Wettkampfgeräte

Weil wir über Rekordbumerangs ausführliche Informationen geben, soll hier ein Aspekt angesprochen werden, der kontrovers diskutiert wird: Es geht um die Frage des Einheitsbumerangs für Wettkämpfe. Bisher war klar, daß für die meisten Wettbewerbe Wertungen und Zulassungen nur möglich waren, wenn der Werfer mit einem zweiarmigen Bumerang antrat. Die Ausnahmen waren Pinwheels, sechsflüglige Gebilde, in der Mitte mit einem pin, einem Bolzen zusammengehalten, der unten überstand. Deshalb wird ein Pinwheel auch mit dem Handrücken „gefangen", auf dem es mindestens 2 Sek. verbleiben muß. Die zweite Ausnahme ist das Zielwerfen mit dem Nichtrückkehrer, z. Zt. nur praktiziert in Australien und teilweise im Dulwich-Park.

Aber selbst, wenn die Wettbewerbe auf zweiflügelige Bumerangs beschränkt bleiben, ergeben sich Probleme:

1. Es gibt Bumerangs, die eigentlich „zwei Bumerangs" sind; deshalb wurde vorgeschlagen, einen Grobumriß zu entwerfen, in den alle Wettbewerbsbumerangs hineinpassen müssen.

2. ist die Verschiedenheit der für die Einzelwettbewerbe verwendeten Bumerangs auch in der allgemeinen Maß-Ausdehnung so groß, daß ebenfalls ein Grobumriß die Schafe von den Böcken scheiden sollte.

3. wurde sogar vorgeschlagen, für alle Wettbewerbe während eines Wettkampfes nur einen einzigen Bumerang zuzulassen.

Wir werden die Diskussion um den dritten genannten Aspekt wieder aufnehmen, nachdem wir uns die einzelnen Disziplinen eines Wettkampfes vergegenwärtigt haben.

Die Wettkampfregeln

Wir sollten unterscheiden zwischen Wettkampf (oder Wettbewerb oder Meisterschaft) und den Einzeldisziplinen, aus denen der jeweilige Wettkampf sich zusammensetzt, wobei Zahl und Art der zu bewältigenden Einzeldisziplinen vom Veranstalter bestimmt werden. Auch Mannschaftswerfen ist in diesem Sinne eine Einzeldisziplin. So ist auch die Wertung gegliedert: Man erreicht entweder einen Titel in einer Einzeldisziplin (wenn man in einem Europa-Wettbewerb von 15 Teilnehmern den ersten Platz beim Genauigkeitswerfen macht, ist man Europa-Meister im Genauigkeitswerfen) oder man wird Bester in der Gesamtwertung, dann ist man Europa-Meister.

Zuerst werde ich die gebräuchlichen Einzeldisziplinen zusammenstellen, dabei die schon erwähnten nur noch dem Namen nach nennen. Ich nenne zuerst die im angelsächsischen Sprachraum gebräuchlichen Bezeichnungen, dann den Versuch einer Übertragung ins Deutsche.

1. Long Distance (Entfernungswerfen, Weitwurf)

2. Maximum Time Aloft (Langzeitflug)

2. Consecutive Catch (Fangen ohne Unterbrechung, Fangfolge, Fortlaufendes Fangen)

4. Juggling („Jonglieren")

5. Five fast Catches (Fünf schnelle Fänge, Schnelles Fangen)

6. Maximum 10: Der Werfer hat zehn Würfe. Gewertet wird die Anzahl der Würfe, die mit einem Fang abgeschlossen haben. Keine Zeitbegrenzung.

7. Accuracy (Genauigkeitswerfen, Präzisionswerfen): 5 Würfe, von einer „Zielscheibe" am Boden aus geworfen. Kein Fangen, die Wertungspunkte ergeben sich aus dem Landeort des Bumerangs im Zielring.

8. Werfen auf Zeit: Der Werfer muß innerhalb vorgegebener Zeit (je nach Teilnehmerzahl z. B. 3 Min.) seinen Bumerang so oft wie möglich werfen und fangen. Jeder Wurf aus dem gegebenen Wurfkreis.

9. Team Relay (Mannschaftswerfen): Zahl der Werfer pro Mannschaft variiert. Es wird nacheinander geworfen, ohne festgelegten Abwurfplatz: Werfer Nr. 1 wirft, Nr. 2 fängt, Nr. 2 wirft, Nr. 3 fängt usw. . . . bis: Nr. x wirft, Nr. 1 fängt. Gestoppt wird die Zeit vom Beginn des ersten Wurfes bis zum Fang des letzten. Bei Fangfehler wiederholt der entsprechende Werfer den Wurf – übrigens so lange, bis sein Nachfolger korrekt gefangen hat.

10. General Championship (Australische Runde): Eine „zusammengesetzte Einzeldisziplin" mit Wertung der geworfenen Entfernung

(mindestens 30 Meter), des Fanges und des Fangplatzes auf der „Zielscheibe“ am Boden. Jeder Teilnehmer hat 3 oder 5 Wertungswürfe, dazu einen Probewurf. Die besten zehn kommen in die Endrunde. Punktwertung: Für Fangen: 4 Gutpunkte innerhalb des 10 Meter-Kreises, 2 Gutpunkte beim Fang außerhalb des Kreises. Entfernung: 2 Punkte für 30 Meter, 4 Punkte für 40 Meter, 6 Punkte für 50 Meter.

11. Suicide (Selbstmord): Entweder als Endrunde („Stechen“) beim Consecutive Catch oder – in den USA – als Freistil-Fangen im k.o.-System, d. h., wer nicht fängt, scheidet aus. Alle Werfer stehen in einer Linie, 3 m Zwischenraum, werfen jeweils gleichzeitig und müssen den eigenen Bumerang fangen.
1. und 2. Wurf: Fangen mit beiden Händen
3. und 4. Wurf: Fangen mit der Nicht-Wurf-Hand
5. und 6. Wurf: Fangen mit der Wurf-Hand
7. und 8. Wurf: Fangen hinter dem Rücken
9. und 10. Wurf: Fangen mit den Füßen (teilweise freiwillig)
11. Wurf: Genauigkeitsfang auf der Zielscheibe: Sieger ist, wer dem Zentrum am nächsten gefangen hat.

12. Doubling (Werfen mit zwei Bumerangs zugleich): Jeder Teilnehmer wirft zwei Bumerangs zugleich und fängt sie nacheinander, zwei Runden hindurch. Dann Werfen für eine Runde mit gleichzeitigem Abwurf aller Teilnehmer. Eine weitere Runde mit gleichzeitigem Abwurf, allerdings muß jeweils einhändig gefangen werden. Dies wird solange fortgesetzt, bis der Sieger dieses Teilwettbewerbs ermittelt ist.

13. Wieviel Bumerangs in der Luft? Der Werfer versucht solange, Bumerangs einzeln in die Luft zu werfen, bis der erste den Boden wieder berührt. Hier liegt die Weltbestleistung bei 14 Bumerangs (Adrian van den Berge aus Holland).

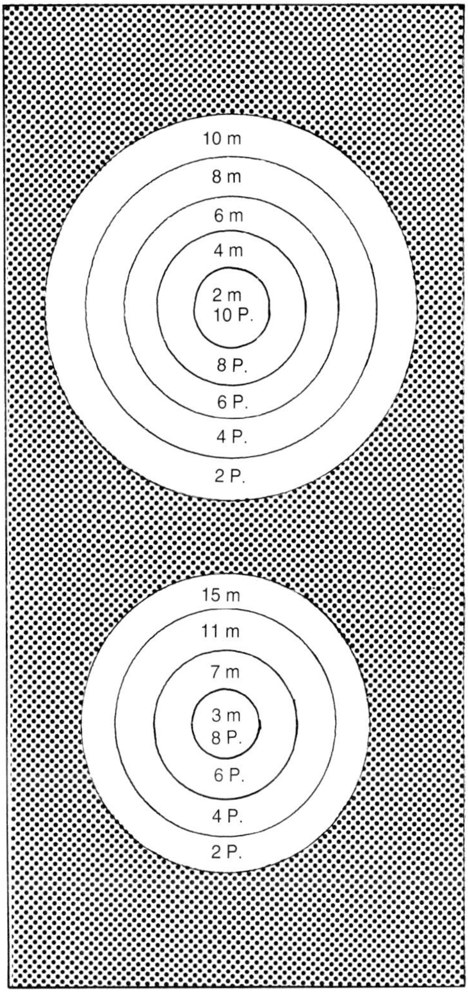

Bodenzielringe für Genauigkeitswerfen und australische Runde der United States Boomerang Association (oben) und des Deutschen Bumerang Clubs

Allgemeine Regeln:
Fürs Fangen: Ein Fang kann gewertet werden, auch wenn der Bumerang während des Fluges

den Boden berührt, das gilt jedoch nur für den ersten Teil des Fluges. Es gibt keinen Punkt, wenn der Bumerang auf dem Rückweg oder kurz vor dem Fang den Boden berührt hat. Ein Fang wird auch dann gewertet, wenn der Bumerang kurz nach dem Fang auf den Boden fällt. Evtl. muß der Schiedsrichter entscheiden. Ein Fang „am Körper" ist zulässig, bei Fängen mit einer Hand jedoch darf der Bumerang den übrigen Körper nicht berühren.
Für die Feststellung des Gesamtsiegers: Für die fünf besten Einzelkämpfer jeder Einzeldisziplin (außer der Australischen Runde, die ihr eigenes Punktsystem hat) werden Punkte vergeben. Gesamtsieger ist, wer die meisten Punkte erkämpft hat.

Zwei aktuelle Beispiele sollen zeigen, wie ein solcher Wettkampf aufgebaut sein kann:
1. Erdteilwettkampf USA – Australien 1984, konzipiert als Rückkampf im Zusammenhang mit dem ersten Wettbewerb 1981, der in Australien stattfand und mit dem Sieg der USA-Mannschaft endete. Er fand in den USA an drei Terminen und drei verschiedenen Plätzen statt. Mannschaftsstärke: je 6 Teilnehmer.
Einzeldisziplinen für die drei Runden: 1. Genauigkeitswerfen, 2. Langzeitflug, 3. Australische Runde, 4. Mannschaftswerfen, 5. Schnelles Fangen.
Ergebnis: Die erste Runde, am 2. Juni in Washington DC., ging an die USA-Mannschaft. – Die zweite Runde, am 6. Juni in Bethlehem PA., gewannen die Australier und mit ihrem Sieg in der dritten Runde, am 10. Juni in Delaware, OH., hatten sie den Gesamtsieg errungen.
2. Die 4. Deutschen Meisterschaften in Heidelberg forderten Leistungen in folgenden Einzeldisziplinen: 1. Zehn Würfe (Wer fängt am häufigsten?), 2. Genauigkeitswerfen, 3. Schnelles Fangen, 4. Mannschaftswerfen, 5. Suicide.

Wo kann man wann teilnehmen?
Im Jahre 1984 fanden in „Festland-Europa" folgende offiziellen Treffen oder Wettbewerbe statt:
1. Europäische Meisterschaft an Pfingsten in Amstelveen, Holland, Kontaktadresse (auch für die kommenden Jahre): Max Hoeben, Rembrandtweg 197, 1181 GH, Amstelveen.
2. 5. Deutsche Meisterschaften am 4. August 1984 in Weinheim. Allgemeine Kontaktadresse für deutsche Veranstaltungen: Günther Veit, Adelheidstr. 12, 55 Trier.
3. Vierte Internationale Bumerang-Tage am 15./16. September 1984 in Chamarande/Essone, 40 km südl. Paris. Kontaktadresse für Frankreich: Jaques Thomas, 24 Rue Tronchet, 69006 Lyon.
Darüber hinaus gab es eine Anzahl örtlicher Aktivitäten in Holland und England. (Kontaktadressen s. u.) Man erfährt von den Veranstaltungen nur, wenn man mindestens ein Informationsblatt eines Clubs bezieht. Neben Wettbewerben werden workshops veranstaltet (die manchmal auch mit Wettbewerben kombiniert werden), so z. B. die workshops des Horniman-Museums in London oder die Bumerangwoche im Juni 1984 in Chamarande.
Zur Zusammenfassung dieses Abschnitts möchte ich noch einmal Peter Ruhf das Wort geben: „In unserer Zeit hat sich der Bumerangsport durch die Hingabebereitschaft und den Einfallsreichtum einiger wunderbarer Leute schnell entwickelt. Er ist weiter vorangekommen durch deren Liebe zu allem, was fliegt, durch ihr Wissen über Profile und Designs und durch die Begeisterung für sportliche Wettkämpfe und Spiele. Durch die Einrichtung von Wettbewerben schreitet die Technik der Bumerangherstellung und des Bumerangwerfens voran. Die Freude, Bumerangs zu konstruieren, die schneller, weiter, länger, genauer fliegen, hat die modernen Bumerangpioniere herausgefordert . . ."

Der Rückkehrflug des Bumerangs

Über dieses Thema gibt es eine Menge Literatur – von einzelnen Hinweisen in kleinen Schriften über hervorragende Einzeldarstellungen bis hin zu wissenschaftlichen Untersuchungen. Hervorheben möchte ich die Schrift von David Robson, der die Sachverhalte so weit wie möglich in Einzelprobleme zerlegt und diese dann durch plausible Skizzen anschaulich gemacht hat. Erwähnen möchte ich ebenfalls die hervorragenden Darstellungen zu diesem Thema von Rod Scott.

Ich versuche hier aus zwei Gründen eine weitere Darstellung: Erstens gehört sie in jedes Bumerangbuch hinein, zweitens bezieht meine Darstellung einfache Versuche zum Thema ein, die jeder Leser mit geringem technischen Aufwand nachvollziehen kann.

Einleitend einige allgemeine Feststellungen, die als Verständigungsgrundlage dienen sollen:

Ein Bumerang ist (auch) eine Art *Fluggerät*. Es können deshalb auf ihn die Erkenntnisse angewandt werden, welche die aerodynamische Forschung allgemein auf Luftfahrzeuge, die schwerer als Luft sind, anwendet.

Der Bumerang – ein Fluggerät

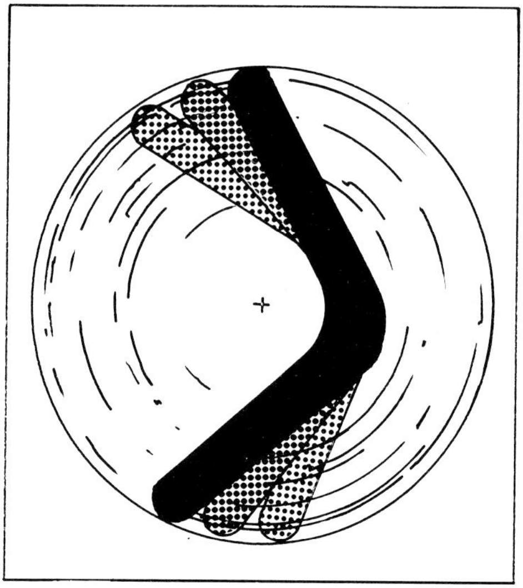

Der Bumerang – ein Kreisel

Ein Bumerang ist (auch) eine Art *Kreisel*. Also spielen bestimmte Kreiselgesetze eine Rolle, die wir sogar, wenn auch sehr grob, selbst überprüfen können.
Weil der Bumerang geworfen wird, ist er (auch) eine Art *Wurfgerät*, auf das Kräfte einwirken, die der Ballistik zugerechnet werden.

Der Bumerang – ein Wurfgerät

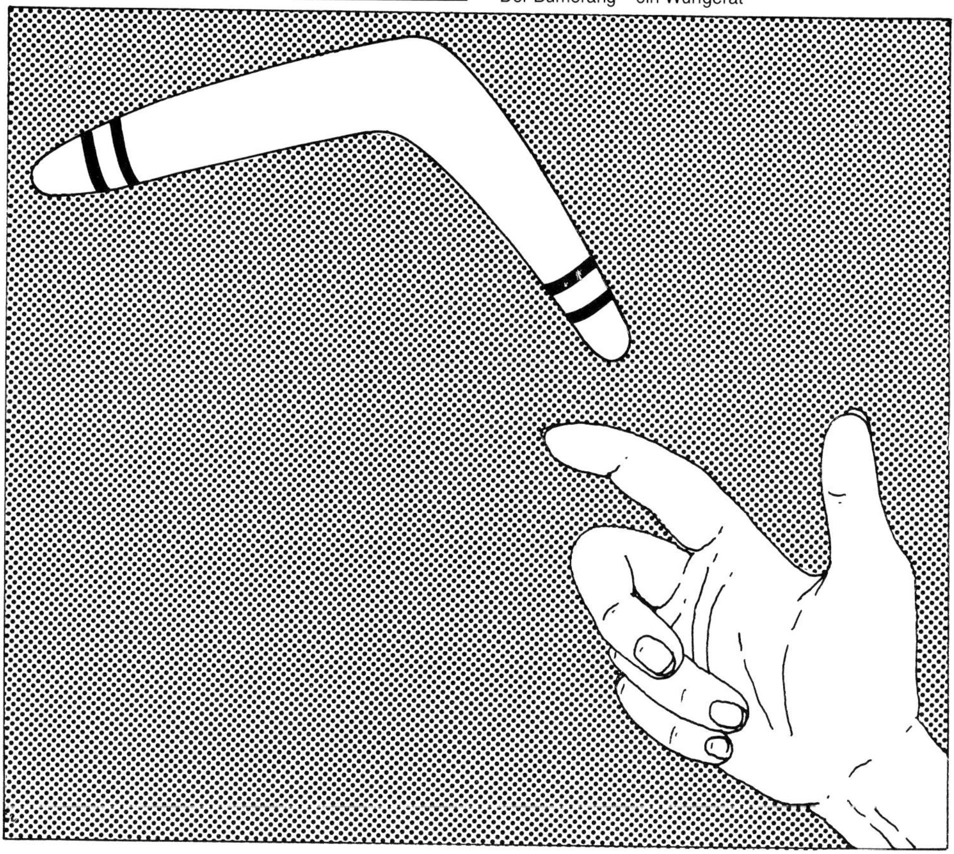

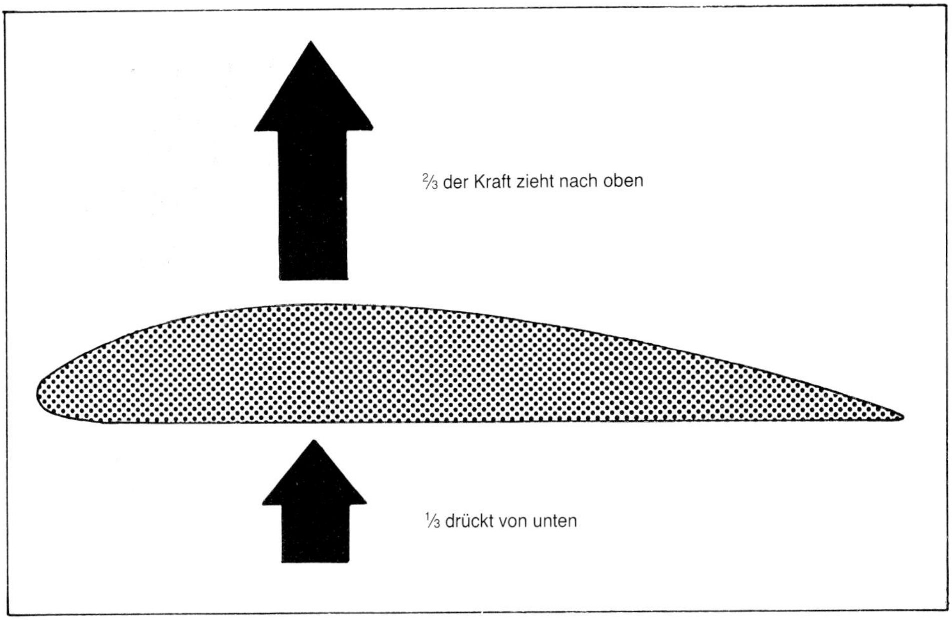

Die Wirkung der Auftriebskräfte

Der Bumerang als Fluggerät

Welche Kräfte sind es nun, die aerodynamisch für den Bumerang von Bedeutung sind?

1. Zuerst sind es die Auftriebskräfte, die, wenn sie von Fluggeräten schwerer als Luft erzeugt werden, mit der Bernoullischen Gleichung beschrieben werden.

Die Widerstandskräfte

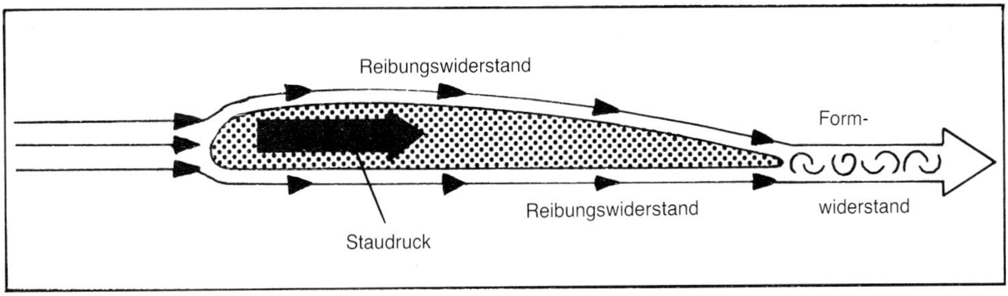

2. Dann müssen die Kräfte des Luftwiderstands genannt werden. Sie entstehen immer, wenn Auftrieb erzeugt wird; hier spielt die Oberflächengestaltung des Geräts eine wichtige Rolle; denn dadurch wird die Art der Grenzschicht-Strömung bestimmt: laminar oder turbulent. Diese hat wiederum für die Größe des Luftwiderstands Bedeutung.

Um uns über die Auftriebskräfte klar zu werden, beginnen wir mit einem einfachen Versuch:

Wir nehmen zwei DIN A 6-Karteikarten oder einfache Ansichtspostkarten und zwei Stricknadeln. Die Karten ziehen wir zuerst in Längs-

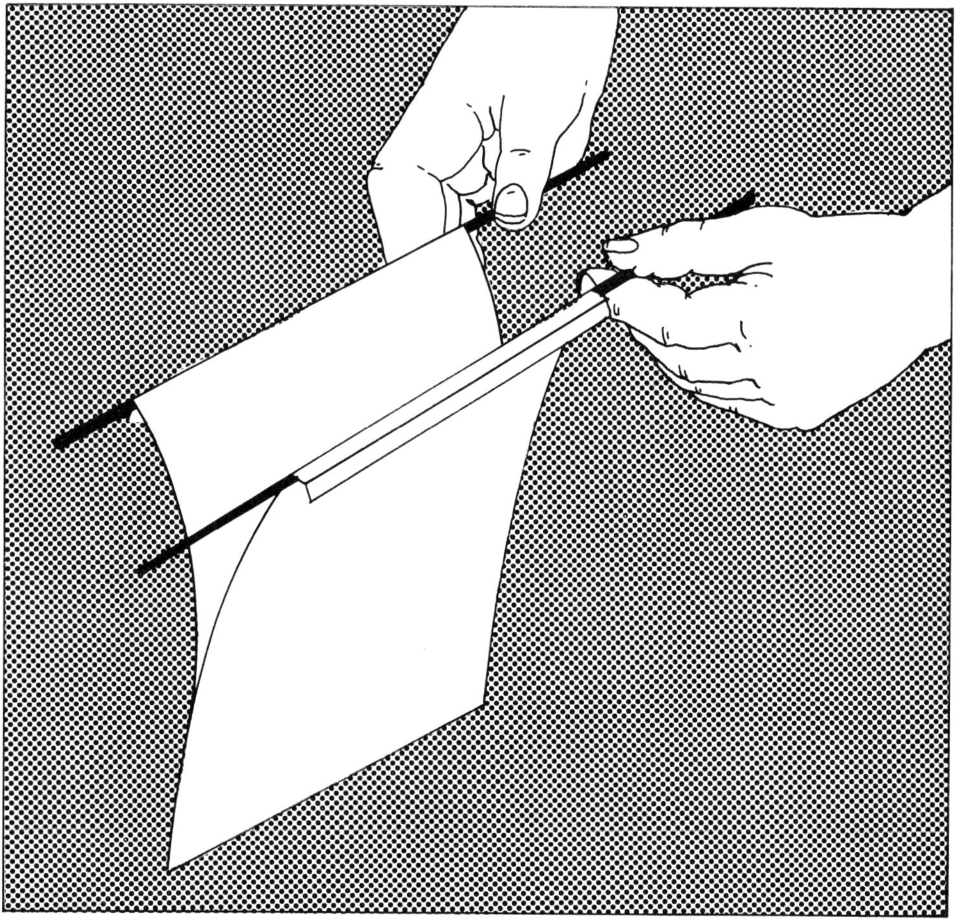

richtung über eine Tischkante, so daß sie eine leichte Wölbung bekommen; dann falzen wir sie zweimal an der Schmalseite, so daß wir sie an der Stricknadel aufhängen können. Jetzt halten wir die beiden Stricknadeln parallel zueinander vor unseren Körper; die konvexen Seiten der Karten zeigen zueinander. Haben wir jemanden dabei, fragen wir ihn, was wohl passiert, wenn wir von oben so in den Spalt blasen, daß unser Atemluftstrom zwischen den Spalt, den die beiden Karten bilden, hindurchströmt. Fast alle werden antworten: Die Karten schlagen auseinander. Wenn sie jetzt von oben kräftig in den Spalt hineinblasen, erleben sie aber etwas anderes, sie blasen die Karten praktisch „zusammen", und zwar umso stärker, je stärker sie blasen. Sie sind den Kräften auf der Spur, die in der Bernoullischen Glei-.

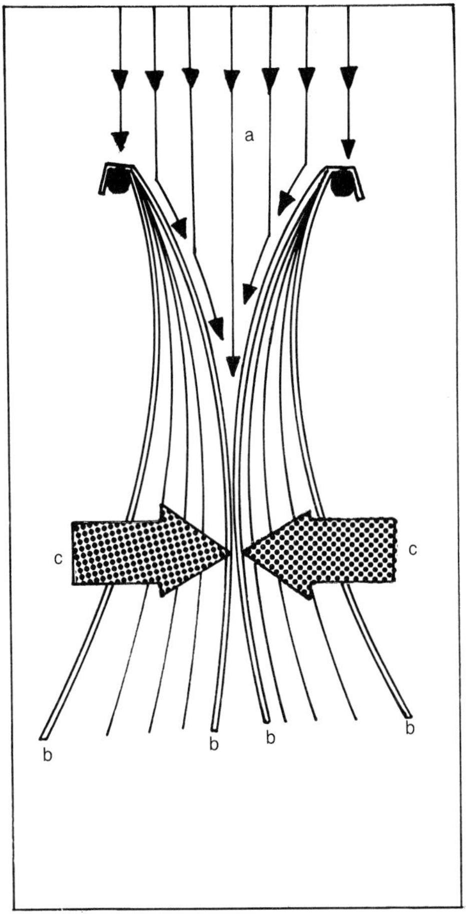

Der Luftstrom (a) bläst die Karten (b) zusammen. Es entsteht Saugkraft.

chung dargestellt werden. Überprüfen sie die Stärke der Saugkräfte noch weiter, indem sie die Entfernung der Karten voneinander vergrößern oder einen Haarföhn zu Hilfe nehmen! Sie werden die Karten solange nicht auseinanderblasen, solange sie in einem noch diskutablen Abstand gehalten werden.

Als weitere praktische Anwendungen dieser entstehenden Saugkräfte in schneller als in der Umgebung strömender Luft fällt ihnen gewiß der Zerstäuber ein. Bei ihm leistet die Saugkraft insofern Arbeit, als sie eine Flüssigkeit nach oben hebt.

Ich möchte die Bernoullische Gleichung für unsere Zwecke „übersetzen“: Je schneller ein Medium strömt, desto geringer ist der in ihm herrschende Druck, je langsamer es strömt, desto größer ist der Druck. Unsere Postkarten

So wird aus der Postkarte ein Tragflügelprofil

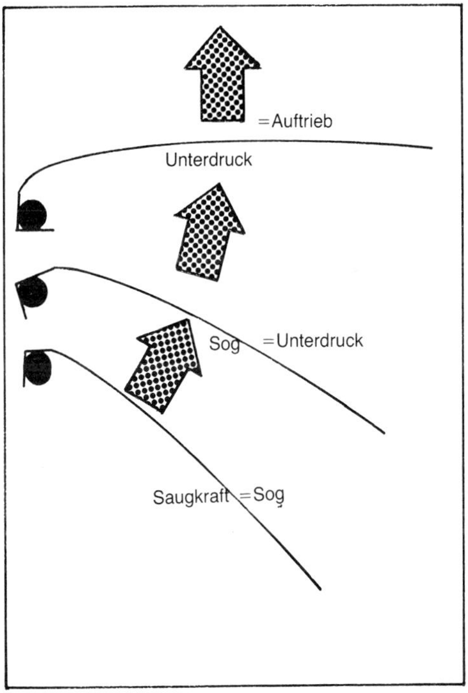

bildeten eine Art Düse. Die Luft mußte an den sich verengenden Bereichen schneller strömen, denn der Luftstrom darf und kann nicht abreißen. Es entstand Unterdruck, den ich Saugkraft genannt habe. Folgende Wortreihe kann uns nun – immer von unserem ersten kleinen Versuch aus – zum Verstehen des Auftriebs, der wichtigsten Kraft für den Flug des Bumerangs, führen: Saugkraft – Sog – Unterdruck – Auftrieb.
Nun soll geklärt werden, warum in einer Strömungsgeschwindigkeiten beim Hindurchströmen oder Umströmen entstehen.

Das Medium Luft muß man sich vorstellen als etwas, das aus einzelnen Teilchen besteht, die jedoch durch Kräfte verbunden sind, die ein entstehendes Vakuum durch sofortiges Einströmen verhindern würden.

Zeichnen wir uns nun noch einmal ein Flügelprofil, wählen zwei „Luftströme“ aus und beobachten an der Skizze, wie diese sich verhalten:

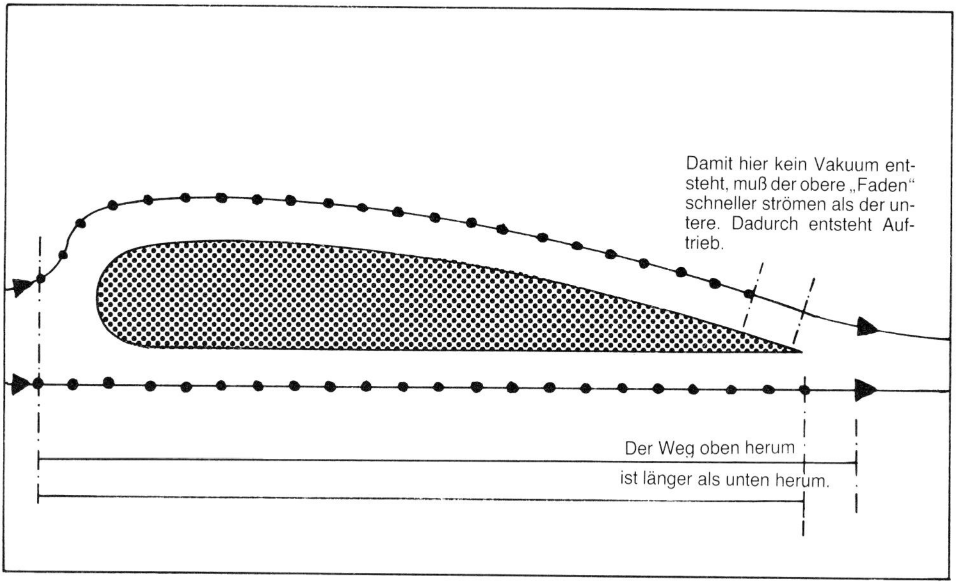

So entsteht Auftrieb

mung nichts auseinandergerissen werden kann, d. h. warum Luftteilchen in der Strömung zusammenhängend gedacht werden müssen und wieso unterschiedliche Strö-

Vielleicht wird nun leichter verständlich, warum die Luftteilchen auf der Oberseite des Profils schneller strömen. Das setzt sich noch zu den jeweils benachbarten Luftströmen fort, so daß bis zu einer gewissen Entfernung vom Profil die Luft oben schneller, unten langsamer strömt. Auf Grund der durch die Bernoullische Gleichung beschriebenen Zustände kann man folgende Druck- und Sogverteilung an einem Flügelprofil annehmen:

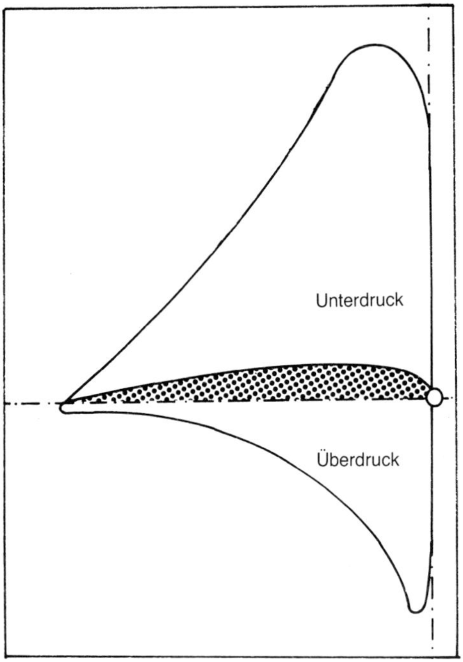

Die Druckverteilung an einem Flügelprofil

Es zeigt sich, daß der Flügel eher an einem luftverdünnten Raum „hängt“ als daß er auf einem Luftpolster entlanggleitet. Auf jeden Fall sind es die Auftriebskräfte, die ihn oben halten.

Die Größe des Auftriebs ist von unterschiedlichen Faktoren abhängig, auch von der Profilform und dem Anstellwinkel. Betrachten wir einmal eine gewölbte Profilform, die hohen Auftrieb liefert; dabei kann man die Sog- und Druckkräfte auch so darstellen:

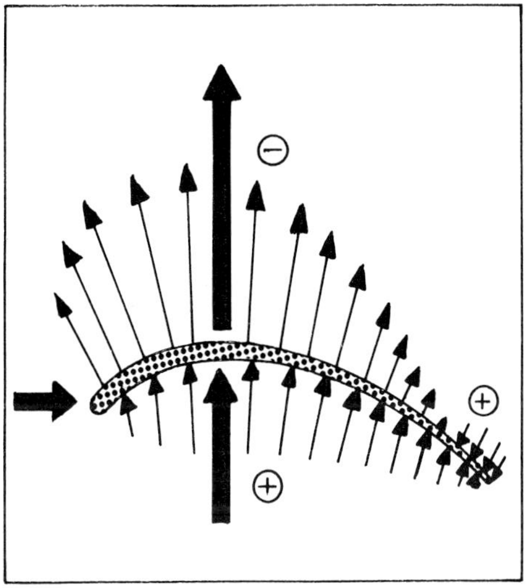

Sog- und Druckverteilung am Flügelprofil eines Segelvogels

Flügelprofil eines Segelvogels

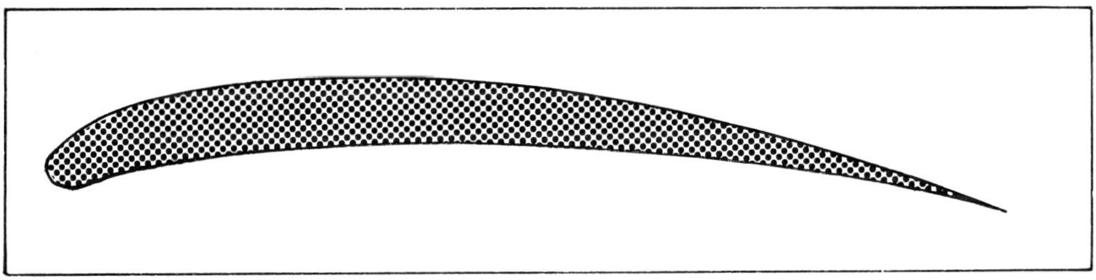

Wählen wir nun ein Profil zur Betrachtung aus, das keinen Auftrieb liefern kann, wenn der Anstellwinkel = 0 bleibt: Das symmetrische Profil, wie es für Leitwerke verwendet wird:

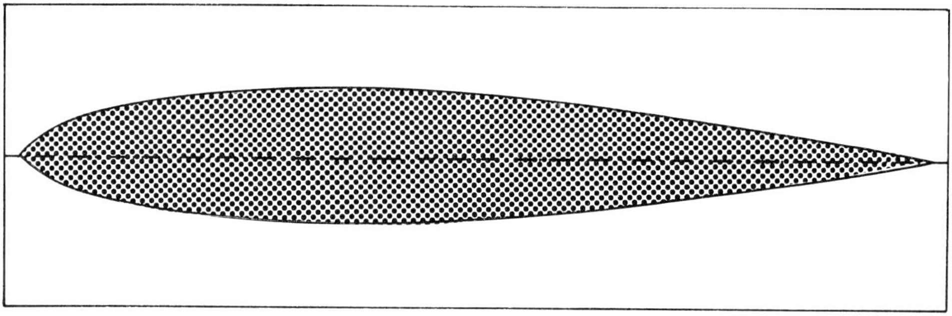

Symmetrisches Profil, erzeugt keinen Auftrieb

Betrachtet man nun die Profile australischer Bumerangs, kann man schon interessante Schlußfolgerungen ziehen. Das plankonvexe Profil mancher Rückkehr-Bumerangs oder das konkav-konvexe Profil machen uns keine Schwierigkeiten für das Verstehen: Sie erzeugen guten Auftrieb und funktionieren als Rückkehrer. Die meisten australischen Bumerangs, vor allem die Nichtrückkehrer, haben aber bei etwa 10–15 mm Stärke ein bikonvexes Profil, mit stärkerer Wölbung auf der Oberseite. Es wird also noch Auftrieb erzeugt, er ist aber durch die besondere Profilgestaltung dezimiert. Der Auftrieb wird durch die besondere Gestaltung der Profilunterseite so verringert, wie es für einen Nichtrückkehrer nötig ist. Weil er eher flach geworfen wird, würde er bei anderer Profilgestaltung wie beim Sichelwurf mit einem Rückkehrer steil aufsteigen und wäre deshalb unbrauchbar. Er legt die nötige Entfernung flach über Grund deshalb zurück, weil der Erbauer den Auftrieb dezimiert hat, ohne den Luftwiderstand über Gebühr zu erhöhen: eine geniale Lösung! Auch die Erbauer moderner Sportbumerangs verwenden dies Prinzip. Wollen sie den Flugradius ihres Geräts vergrößern, können sie ihren Bumerang mit Gewichten versehen. Sie können aber auch seine Unterseite leicht kon-

Bikonvexes Profil eines australischen Nichtrückkehrers. Es erzeugt nur wenig Auftrieb.

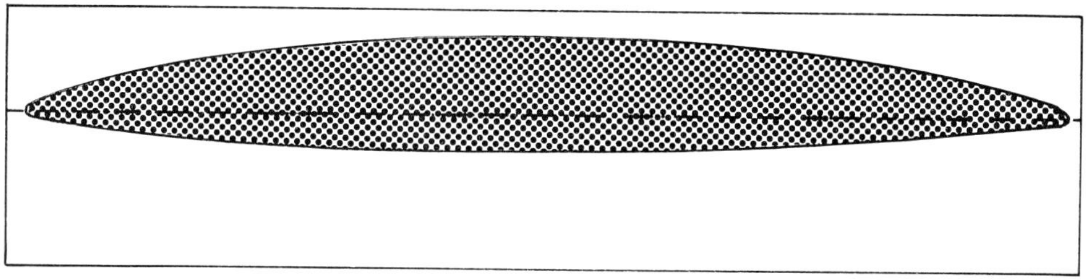

vex ausformen, besonders im Bereich der Flügel-Hinterkante.
An dieser Stelle soll ein Wort zu der immer wieder behaupteten propellerartigen Verdrehung der australischen Bumerangs gesagt werden, die ich aber bei der Vermessung der Stücke aus dem Hamburgischen Museum für Völkerkunde nicht feststellen konnte und an der ich meine Zweifel habe. Es mag möglich sein, daß die Bumerangs mit bikonvexen Profilen so geringen Auftrieb erzeugten, daß durch ganz leichtes Vergrößern der Anstellwinkel der beiden Flügel, besonders an ihren Enden – das wäre so eine propellerartige Verdrehung – der Rückkehrflug überhaupt erst ermöglicht wurde. Hier mag auch der Sinn der kleinen Feuer liegen, über denen die Aborigines diese Biegungen vornahmen. Gleichzeitig aber muß daran erinnert werden, daß eine zu starke Verdrehung den Bumerang unbrauchbar macht: Der Flugkreis wird klein, das Gerät steigt steil auf o. ä.
Verringerung der Auftriebswirkung bei modernen Sportbumerangs ist aber noch auf ganz einfache Weise möglich: Indem man aus dünnerem Material baut.
Nachdem ich begann, Bumerangs aus 3 mm Holz zu bauen, war ich erstaunt über die großen Wurfradien dieser kleinen, leichten, gewichteten Stücke, die den Werfer beim Fangen so zutraulich machen, besonders wenn er sich vorher mit Riesen abgegeben hatte, die ihn beim Fangen das Fürchten lehrten. Es ist also auch in diesem Zusammenhang zu sagen, daß die Gestaltung des Profils das Herzstück des Bumerangbaus und des Bumerangfluges darstellt.
Ohne Widerstand kein Auftrieb; deshalb soll die Betrachtung der Luftwiderstandskräfte sich anschließen. Sie werden – so meine ich – für den Bumerangflug wichtig
als Stirnwiderstand,
in der Grenzschicht,
für die Wirbelbildung an der Flügelhinterkante,
als Wirbelschleppe des induzierten Widerstandes an den Flügelenden.

Wir wollen nun den Teil des Übergangsgürtels näher ansehen, der unmittelbar an der Flügeloberfläche liegt, die sog. Grenzschicht. Ist die Oberfläche unseres Flugkörpers glatt und fliegt er nicht allzu schnell, dann bleibt die Grenzschicht laminar, d. h., daß dort eine Luftströmung parallel zur Profillinie entsteht und anscheinend wenig Luftwiderstand erzeugt wird. In Wahrheit ist jedoch diese Laminarströmung so energieschwach, daß der Gegenstrom von der Flügelhinterkante ziemlich weit nach vorn reicht: Die sogenannte Karmansche Wirbelschleppe wird groß, der Luftwiderstand im ganzen auch. Ist jedoch in bestimmten Fällen die Oberfläche des Flugkörpers rauh, uneben gestaltet, wird schon die Grenzschicht turbulent. Das bedeutet, daß die angrenzenden Luftteilchen besser über den wirbelnden oberflächennahen Luftteilchen entlangschlüpfen können. Darüber hinaus ist eine turbulente Grenzschicht energie- oder spannungsreicher, und der Gegenstrom von der Flügelhinterkante reicht nicht so weit nach vorn. Ergebnis: Die Karmansche Wirbelschleppe, von der Flügelhinterkante erzeugt, bleibt kleiner, der Luftwiderstand wird wesentlich geringer. Diese Verringerung des Luftwiderstandes durch Erzeugung einer turbulenten Grenzschicht ist mit einer Anzahl praktischer Anwendungen überzeugend erwiesen worden: Jearl Walker hat den Sachverhalt am „dimpled“ Golfball (d. h. dem mit Grübchen versehenen Golfball) dargestellt. Drachenfliegern wurde geraten, die große Querstange des Fluggeräts und die Spanndrähte rauh zu gestalten, indem sie z. B. zerkleinerte Kunststoffteilchen aufleimen. Erfolg: fla-

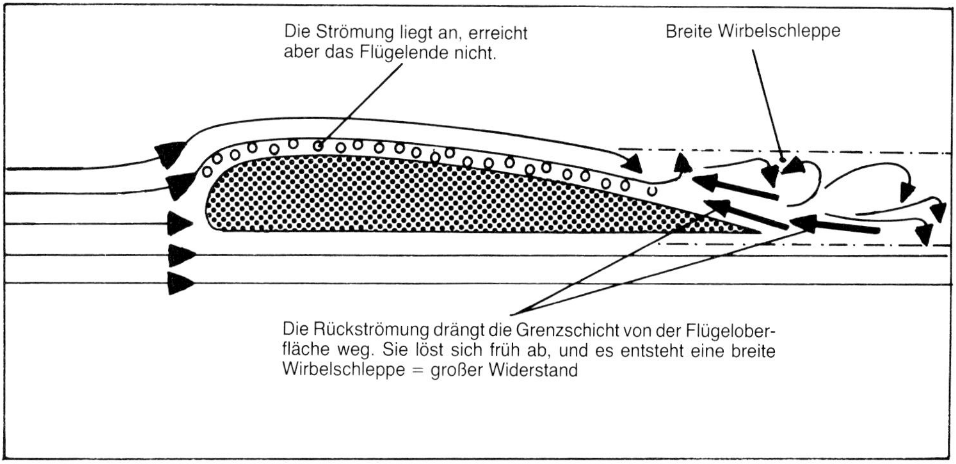

Die laminare Grenzschicht

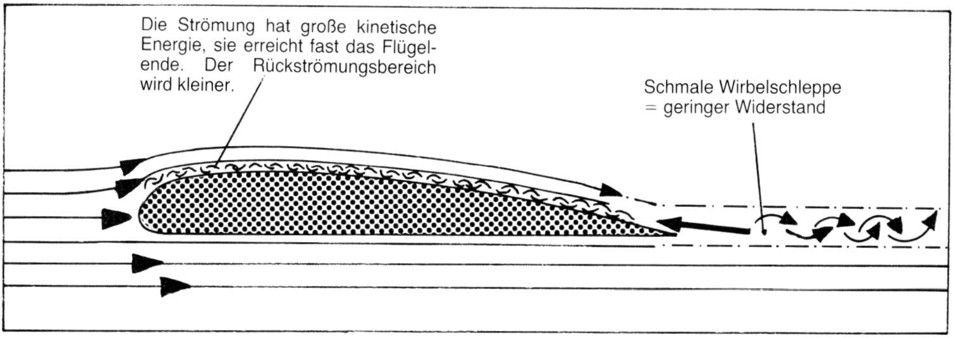

Die turbulente Grenzschicht

Kanellierte Oberseite: Erzeugt sie eine turbulente Grenzschicht?

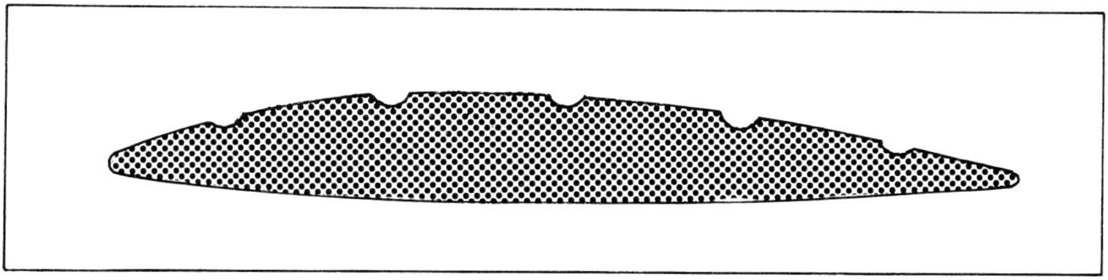

cherer Gleitwinkel (Nicht auszudenken, was geschehen wäre, wenn Otto Lilienthal diesen Sachverhalt schon gekannt hätte; seine Flüge blieben ja deshalb in Bodennähe, weil er nicht gewußt hat, welchen hohen Luftwiderstand Spanndrähte erzeugen). Manche Modellflieger versuchen die Leistung ihres Fluggeräts zu verbessern, indem sie einen Turbulenzdraht vor der Flügelnase anbringen.

Haben die Aborigines von diesem Sachverhalt gewußt und haben sie deshalb die Oberseite vieler ihrer Bumerangs kannelliert? Ich kann mir schwer vorstellen, daß es sich bei der Kannelierung nur um ein Schmuckelement handelt. Ein an der Oberfläche kannellierter Bumerang, den ich gebaut und erprobt habe, flog allerdings nicht auffällig viel weiter als andere. Hier sollte man weiter erproben. Als Anreiz einmal eine Skizze, die das Profil eines kannelierten Bumerangs zeigt. Gegen meine Annahme spricht auch, daß Tony Slater, einer der Langflugspezialisten aus England, gleichzeitig bekannt ist für seine Fähigkeit, seinen Holzbumerangs eine derart glatte Oberfläche anzulackieren, daß jederman glaubt, er habe einen Kunststoffbumerang vor sich. Erreicht Tony seine Flugerfolge auch, weil die absolut glatte Oberfläche seiner Bumerangs durch eine laminare Grenzschicht weniger Luftwiderstand erzeugt?

Zu diesem Aspektbereich – Flugleistung von Bumerangs, Oberflächengestaltung, Grenzschicht, Reynoldsche Zahl – noch zwei Beiträge. Mit ihnen wollen wir die Darstellung dieses etwas komplizierten Sachverhalts abschließen und dabei erfahren, wie man sich praktisch verhalten kann, auch wenn einige Fragen noch offen sind.

In einem Beitrag berichtet Rusty Harding von Geschwindigkeitsmessungen mit einer Filmkamera. Durch Auszählen der Einzelbilder über einer gemessenen Flugstrecke stellte er fest, daß ein von Al Gerhards geworfener Bumerang eine Geschwindigkeit von 255 km/h bei 11 Umdrehungen/Sek. entwickelt hatte (gegenüber dem „Normalwert" von 110–160 km/h und 10 Umdr./Sek.). Das Verhalten der Grenzschicht wird bei diesen Geschwindigkeiten möglicherweise von der Oberfläche (ob rauh, ob glatt) beeinflußt. Die Frage lautet: Erhöht eine rauhe oder kannellierte Oberfläche den Auftrieb und ermöglicht sie so größere Wurfentfernungen oder längere Flugzeiten?

Dave Robson hat herausgefunden: Wenn die Reynoldsche Zahl für den fliegenden Bumerang zwischen 30 000 und 500 000 liegt, würde eine rauhe Oberfläche die Flugleistungen verbessern. Für den Flug von Al Gerhards liegt diese Zahl zwischen 93 000 und 256 000. Auch Robson meint, die Kannellierungen auf der Oberseite von Bumerangs seien eher aerodynamisch begründet und mehr als ein Schmuckelement.

Eigene, recht grobe Versuche ergaben: Rückkehrbumerangs, die ich kannelliert oder „gedimpled" habe, flogen nicht schlechter als mit glatter Oberfläche, jedoch auch nicht erkennbar besser. David Schummy hat mit einem Langflieger ähnliche Erfahrungen gemacht: Ein tief kannelliertes Stück erreichte 25–30 Sek. Flugzeit.

Ich möchte ergänzen: Was für kreisrunde Querschnitte (Golfball, Verstrebungsstange) oder sehr dicke Profile gilt, muß nicht für ein flaches Profil oder gar für eine ebene oder gewölbte Platte gelten.

Rusty sagt: Rauh oder glatt – beides ist korrekt. Man kann es nur ausprobieren. Try it and see!

Nun zu der Karmanschen Wirbelschleppe entlang der Flügelhinterkante. Ich habe schon meine ersten Bumerangs mit scharfer Hinterkante gebaut, da es für mich selbstverständlich

war, schon bei der Konstruktion eines Fluggeräts alles zu vermeiden, was Wirbel bildet, den Luftwiderstand vergrößert und dadurch die Flugleistung des Geräts verschlechtert. Die so entstandenen Bumerangs waren denn auch entsprechende Floater, d. h. wenn sie zurückkamen, schwebten sie mit hoher Drehgeschwindigkeit vor mir herum, und das Fangen wurde immer zu einer überraschungsvollen Angelegenheit, bei der meine Sprung- und Laufleistungen eher gefordert waren als meine Fangleistungen. Ich sehe mich noch während der Deutschen Meisterschaften in Heidelberg 1981 herumspringen, um meinen äußerst sensibel schwebenden Bumerang zu fangen.
Wie konnte ich damals begreifen, daß es Bumerangwerfer gibt, die auch nicht einen Schritt zu tun bereit sind, wenn sie ihren Bumerang fangen wollen. Wenn er nicht genau zurückkommt, muß er eben ins Gras fallen. Heute weiß ich, daß es für bestimmte Flugzwecke günstig ist, wenn der Bumerang bei seiner Rückkehr zu drehen aufhört bzw. langsamer dreht und sich so noch leichter dem Fänger bereithält. Deshalb baue ich heute auch Geräte, deren Hinterkante ein bis zwei Millimeter stark ist und so natürlich einen kräftigen Wirbel erzeugen wird. Mir scheint, daß eine in Millimetern meßbare Hinterkante die Sinkgeschwindigkeit des Bumerangs vergrößert.
Auch der induzierte Widerstand an den Flügelenden scheint die meisten Bumerangherssteller unbesorgt zu lassen. So ist der bakwood aus England mit 8 mm starken Flügelenden versehen und fliegt wunderbar. Ich meine, man sollte auch diesen Widerstand verringern und gestalte die Flügelenden meiner Bumerangs eher flach auslaufend, was mancherlei Nachteile hat, weil die Flügelenden auf diese Weise gegen Beschädigungen empfindlich werden. Robert Leckie empfiehlt für Langflieger sogar ein washout, also das Anbiegen oder „Einbauen“ eines negativen Einstellwinkels am Flügelende.

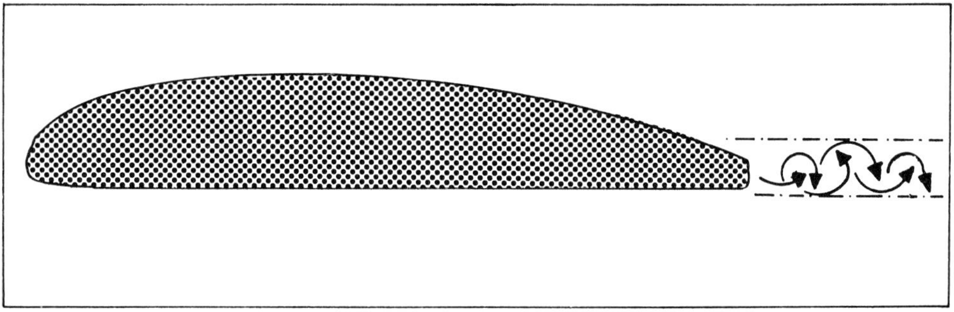

Eine starke Hinterkante vergrößert die Sinkgeschwindigkeit

Ich habe mich in diesem Abschnitt auch deshalb mit dem Luftwiderstand etwas ausführlicher auseinandergesetzt, weil er offenbar für das Sich-flach-Legen des Bumerangs während des Rückkehrfluges eine wichtige Rolle spielt.

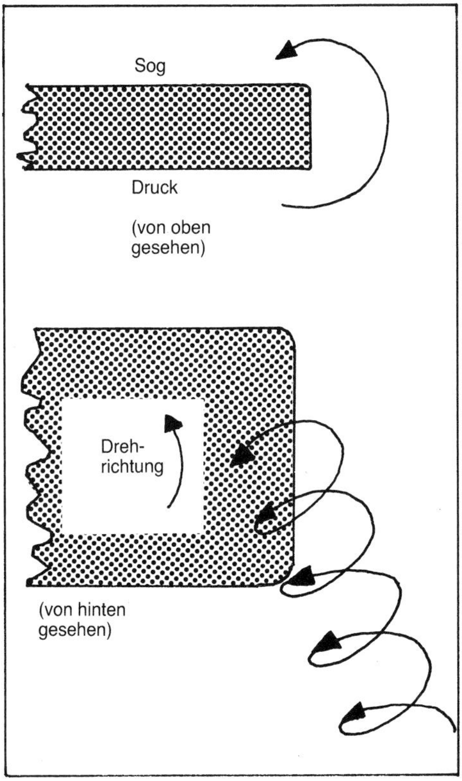

Der induzierte Widerstand am Flügelende, hervorgerufen durch den Druckausgleich

Verringert ein abgeflachtes Flügelende den induzierten Widerstand?

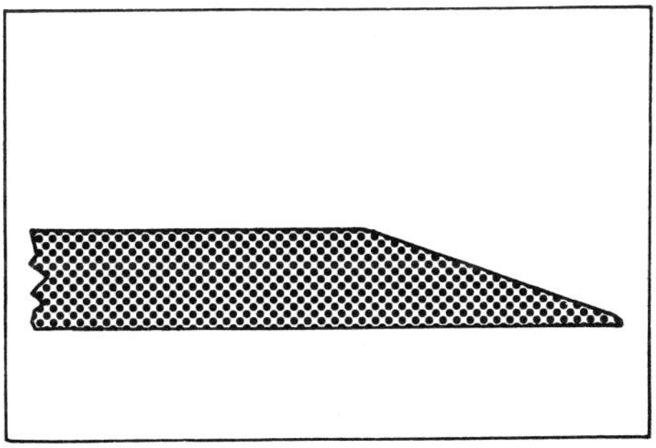

Der Bumerang als Kreisel

„Unter einem Kreisel versteht man einen beliebig gestalteten starren Körper, der in einem seiner Punkte, dem sogenannten Stützpunkt, festgehalten wird oder wenigstens festgehalten gedacht ist, sich aber um diesen Punkt noch irgendwie drehen kann." Selbst das grundlegende Werk über den Kreisel, aus dem ich hier zitiert habe, gibt über die Kreiselkräfte des Bumerangs eher irreführende, sonst sehr allgemeine Auskünfte. Obwohl im theoretischen Teil sieben unterschiedliche Präzessionsarten definiert werden, wird im Anwendungsteil lediglich mitgeteilt, der Luftwiderstand suche längliche oder scheibenförmige geworfene Körper quer zur Flugbahntangente zu stellen. Auch wird die entscheidende Wirkung der Auftriebskräfte auf den fliegenden Kreisel, den Bumerang, die ja die Präzession hervorrufen, nicht gesehen. Vielmehr soll der „leicht schraubenförmig gewundene (!) Bumerang" sich nach Hubschrauberart in die Höhe winden!

Es erscheint mir sinnvoll, wenn man Klarheit über die Kreiselnatur des Bumerangs zu gewinnen versucht, zuerst einmal festzustellen: Der Trägheit des Kreisels ist es zuzuschreiben, daß unser Bumerang überhaupt eine geformte Flugbahn zurücklegt, daß dieses Stück Sperrholz nicht völlig unkontrolliert und unkontrollierbar vom Wind in der Luft herumgewirbelt wird.

Nun kann man im Wechsel zwischen Probieren, Bedenken und erneutem Probieren versuchen, diese Vorgänge besser zu verstehen, zumal wir fast immer ein einfaches Simulationsgerät zur Verfügung haben: Das herausgenommene Vorderrad eines Fahrrades, mit Achse, versteht sich. Also:

Probieren mit dem Vorderrad: Auf einem Stuhl sitzend fasse ich das Vorderrad an je

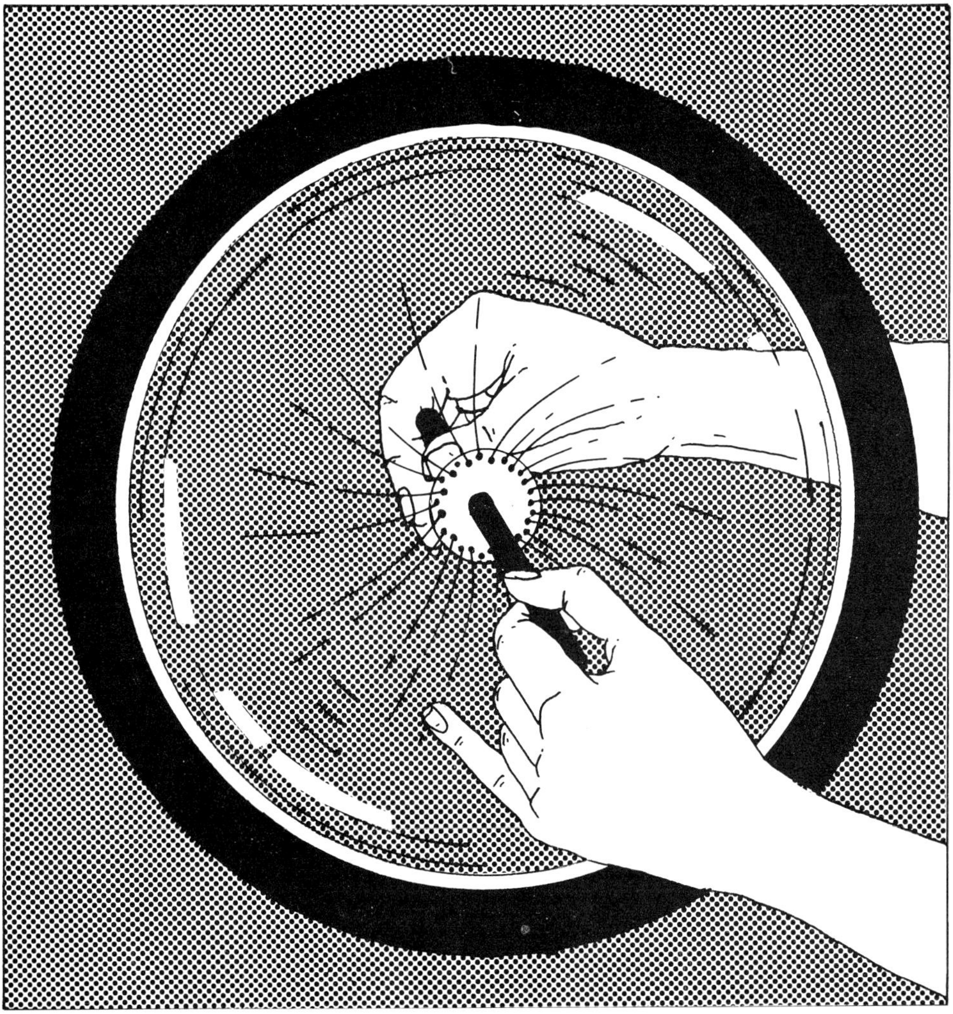

einem Achsende und halte es vor meinen Körper. Mit den Fingern der rechten Hand versetze ich es in Umdrehung (Richtung: Rad-Oberteil vom Körper weg). Diese Umdrehungsrichtung simuliert einen rechtshandigen Bumerang.
Wir sollten mit etwas Allgemeinem beginnen, indem wir versuchen, nun die Achse in verschiedenen Richtungen zu bewegen: zu neigen, zu drehen, zu kippen o. ä. und schon

Der Auftriebsmehrwert entsteht durch die größere Gesamtgeschwindigkeit des jeweils oberen Flügels: Je größer die Geschwindigkeit, desto größer der Auftrieb. ▶

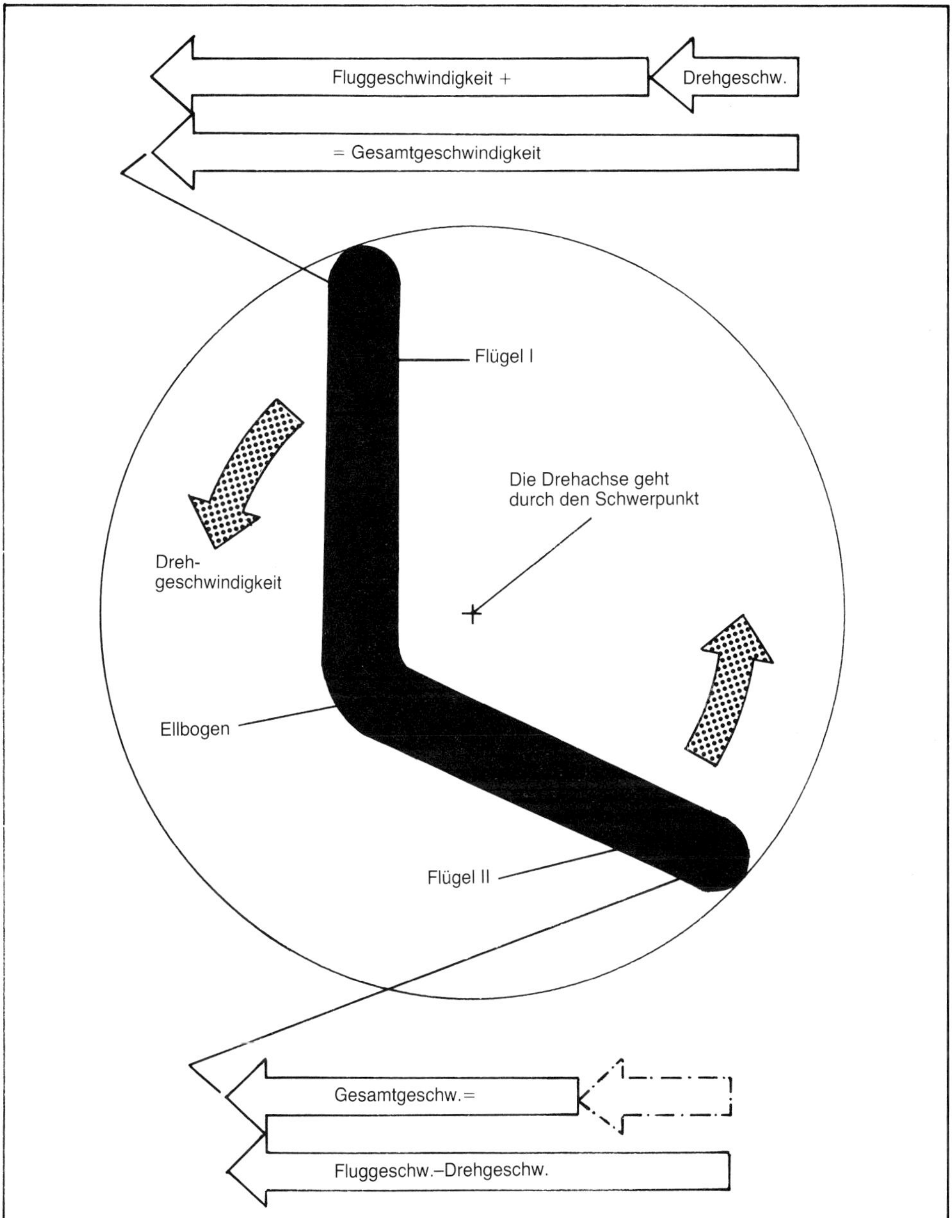
Fluggeschwindigkeit +
Drehgeschw.
= Gesamtgeschwindigkeit
Flügel I
Die Drehachse geht
durch den Schwerpunkt
Dreh-
geschwindigkeit
Ellbogen
Flügel II
Gesamtgeschw.=
Fluggeschw.–Drehgeschw.

bemerken wir ein Verhalten unseres Rades, das man mit Störrigkeit bezeichnet, ein Verhalten wie bei einem störrischen Tier, oder, gelehrter ausgedrückt: Wir spüren den Trägheitstensor, das Kreiselmoment der Präzession, die Anisotropie gegenüber Drehungen. Das sind die Bezeichnungen für Kräfte oder Verhaltensmerkmale eines Kreisels, dessen Drehachse wir in eine andere Richtung zu schwenken versuchen.
Für uns sind solche Kräfte deshalb ungewöhn-

Wenn wir die rechte Hand heben, bewegt sich die Drehachse gegen den Uhrzeigersinn

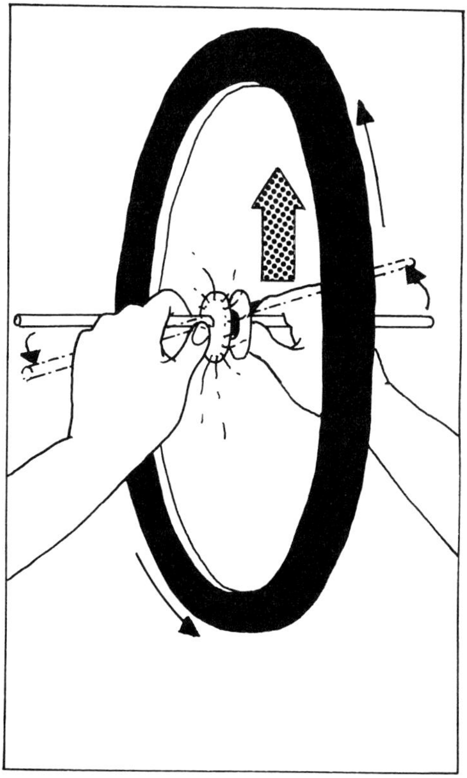

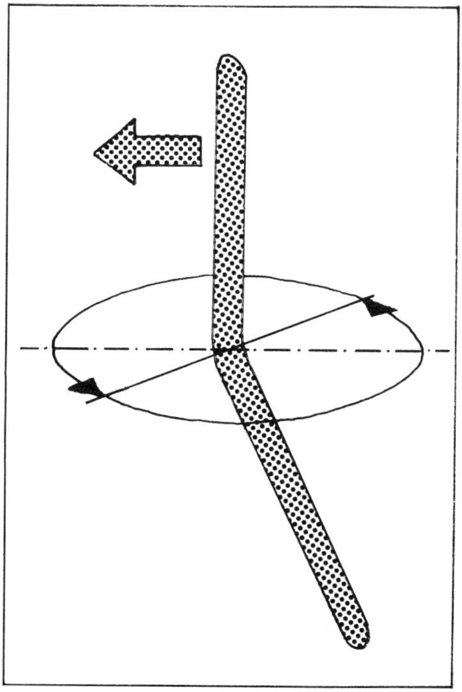

Der Auftriebsmehrwert bewirkt die Drehung der Kreiselachse

lich, weil wir von Natur aus nur ein gering entwickeltes Gefühl für die axiale Natur von Drehkräften haben. Beim Flug des Bumerangs wird aber eine reguläre Präzession erzwungen, nicht vom Werfer, versteht sich, sondern von einer Art Auftriebsmehrwert, auf den wir noch zu sprechen kommen.
Nun versuchen wir, die Präzessionskräfte zu erspüren, die für den Rückkehrflug des Bumerangs von Bedeutung sind:
1. Wiederum bringen wir unser Vorderrad in Drehung. Wir tun nun das, was der Auftriebsmehrwert auch tut: wir versuchen, die Dreh-Achse unseres Kreisels (Rades) nach links zu

kippen, indem wir die rechte Hand leicht heben. Und was geschieht? Unser Rad kippt *nicht* nach links, sondern dreht seine Drehachse gegen den Uhrzeigersinn, es schwenkt also nach links. Genau das aber zeigt uns den Grund für den Kreisflug des Bumerangs: der Auftriebsmehrwert übt genau das Kippmoment aus, das wir eben am Rad erfahren haben.

2. Noch überraschender ist der zweite Versuch, der das Flachlegen des Bumerangs plausibel macht. Wiederum versetzen wir unseren „Kreisel" in Umdrehung und versuchen nun, die Drehachse selbst gegen den Uhrzeigersinn zu drehen, also die rechte Hand leicht vorzustoßen: Das Rad kippt sofort flach. Auch diese Kraft wirkt an unserem Bumerang. Die Wirkung entsteht wegen der exzentrischen Anlage des Bumerangs: der den meisten Auftrieb erzeugende Flügel liegt *vor* dem Schwerpunkt, dem Punkt also, der als Angriffspunkt aller Kräfte angenommen wird. Dadurch entsteht ein Drehmoment der Drehachse, das sich als Flachlegen auswirkt.

Wenn wir die rechte Hand nach vorne stoßen, legt sich das Rad sofort flach

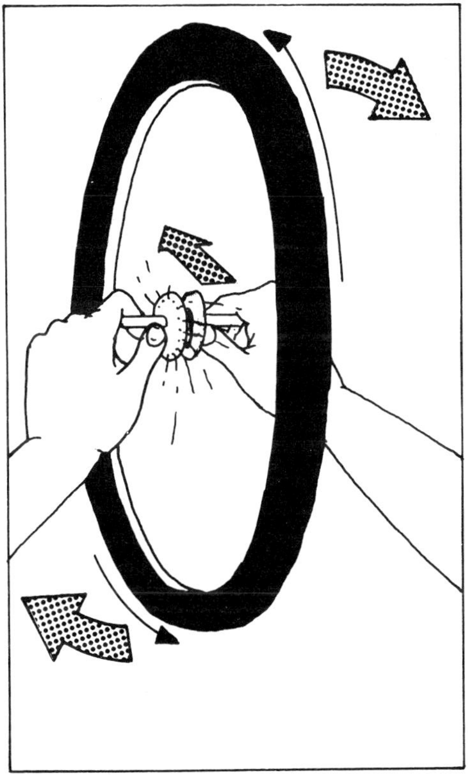

Wir können uns den ganzen Komplex nun noch einmal über eine zentrale Regel vergegenwärtigen:

Wenn eine Kraft die Richtung der Drehachse eines Kreisels verändern will, dann wirkt sie, am äußeren Rand des Kreisels vorgestellt, erst 90 Grad in Drehrichtung verschoben. Dadurch erfolgt die Drehung in eine andere Richtung als erwartet.

Der Auftriebsmehrwert will die Drehachse gegen den Uhrzeigersinn kippen (In Flugrichtung gesehen: rechts heben, links senken). Da die Randkraft aber erst 90 Grad später wirkt, wird daraus eine Drehung der Achse in der Horizontalen: rechter Teil vor, linker zurück. Der Bumerang dreht nach links, weil der Auftriebsmehrwert die Drehachse in Richtung gegen den Uhrzeigersinn verschwenkt.

Weil der Bumerang exzentrisch ist – der Schwerpunkt liegt außerhalb und der größte Auftrieb entsteht, wenn die Luft den Bumerangflügel senkrecht von vorn anbläst – entsteht durch den Auftrieb auch noch ein Drehmoment, das die Drehachse gegen den Uhrzeigersinn drehen will. Die Randkraft will den Bumerang von rechts nach links bewegen. Da sie sich aber erst 90 Grad später in Drehrichtung auswirkt, kippt das untere Ende des Bumerangs nach links: Er legt sich flach.

Da das immer noch recht abstrakt klingt, sollten wir vielleicht noch einmal zu unserem Vorderrad greifen, um nach diesem ersten gedanklichen Durchgang unsere Vorstellungen zu konkretisieren.

Der Bumerang als Wurfgerät

Als Wurfgerät unterliegt der Bumerang auch den Kräften, die in der Ballistik beschrieben werden. Danach wird die Form der Flugbahnkurve bestimmt durch
die Anfangsgeschwindigkeit,
die Abgangsrichtung,
die Erdanziehung, und – uns schon bekannt – durch
den Luftwiderstand.
So weit unser – hoffentlich verständlicher – Ausflug in die Physik des Bumerangflugs.
Beschließen wir diesen Abschnitt dennoch mit eher skeptischen Äußerungen; auch, damit deutlich wird, daß meine Darstellung relativierbar ist:
Zuerst eine Bemerkung von *Jacques Thomas*, die noch einmal die ganze Komplexität des Problems verdeutlicht: „Ein Bumerang hat Gemeinsamkeiten mit einem fliegenden Diskus, einem kurvenden Flugzeug, einem Flugzeugpropeller und einem Hubschrauber-Rotor. Er ist auch ein Kreisel. Die Grundprinzipien jedes dieser Einzelfaktoren sind zu einer Mischung verschmolzen, die man Bumerang nennt."
Nun *Rusty Harding*: „. . . die vielen Diskussionen, die wir haben und hatten, sind ein Zeichen dafür, daß der Flug des Bumerangs schwer zu analysieren ist und es fast unmöglich ist, dafür ein Computer-Programm zu entwikkeln. Es sind eben zu viele komplexe Kräftewirkungen, die interagieren, und das immer unter der Annahme, die Windkräfte seien konstant. Wenn wir beginnen würden, auch noch den Wind zu berücksichtigen, na ja . . .!"
Und *John B. Mauro* sagt klipp und klar: „. . . Sehr viel ist geschrieben worden über die Fage, was einen Bumerang zurückkehren läßt. Das gegenwärtige Wissen erklärt etwa 80 % dieses Vorgangs. Die übrigen 20 % sind die Spekulationen eines jeden Einzelnen . . ." Dem möchte der Autor nichts hinzufügen, außer der Versicherung, daß er sich redlich bemüht hat, die möglichen 80 % für die Leser zu erklären oder zu zeigen, wie Leser selbst an den Erklärungsversuchen mitarbeiten können.

Geheimnisvoller Bumerang?

Sehr häufig wird der Bumerang mit dem Attribut „geheimnisvoll" bedacht. So hofft *Johann E. J. Lenoch*, „daß ein moderner Techniker befähigt sein wird, dem Bumerang sein letztes Geheimnis zu entreißen". Das frühe Bumerang-Lehrbuch von *Willi Urban* trägt den Titel „Geheimnisvoller Bumerang". Und das soeben in französischer Sprache erschienene Buch von *Jacques Thomas* heißt „Magie du Boomerang". Welche Geheimnisse sind da eigentlich gemeint? Kann man sie nicht enthüllen? Und wenn man das kann: Ist dann der Bumerang endlich ohne Geheimnisse? Und was würde ein geheimnisloser Bumerang für den Bumerangwerfer bedeuten?

Ich meine, es gibt vor allem vier Gründe für die Verwendung des Wortes „geheimnisvoll": Der erste ist, daß alle sehr alten Gegenstände mit bestimmten Funktionen, die vom Menschen, dem homo faber, erdacht, hergestellt und angewendet worden sind, vom Geheimnis ihres Ursprungs umgeben bleiben. Hier bleibt manches unaufgeklärt und unaufklärbar: In welchen Zeitabschnitt der jüngeren Stufe des Paläolithikums fallen die Ursprünge der Erfindung wirklich? Wie ist das Gerät offenbar an unterschiedlichen Plätzen der Erde zu verschiedenen Zeiten voneinander unabhängig „erfunden" worden? Gab es eine intuitive Ahnung von den aerodynamischen Gesetzen, die – mit der Grenzschichttheorie im Jahre 1904 beginnend – in der Flugphysik angewendet wurden? Solche Fragen zum Ursprung lassen sich nur schwer aufklären. Das Dunkel der Herkunft kann nur teilweise und vielleicht auch nur spekulativ erhellt werden. Hier werden also Geheimnisse bestehen bleiben.

Der zweite Grund, den Bumerang als von Geheimnissen umgeben zu sehen, scheint durch eine allgemeine Unwissenheit begründet zu sein. Hier bestehen die Geheimnisse dann eher aus Vermutungen oder Gerüchten. So bezeichnen Mary und Lorin *Hawes* aus Mudgeeraba/Queensland, welche die Herstellung und den Vertrieb von Bumerangs zu ihrem Lebensberuf gemacht hatten, 90 % der (damals, 1975) veröffentlichten „Fakten" über Bumerangs als reinen Unsinn, als widersinnig, albern und grotesk. Folgerichtig beginnen sie ihr Buch mit einer Liste von 15 Irrtümern über Bumerangs, die sie richtigstellen. (Sie konnten damals nicht wissen, daß einer ihrer angeführten Irrtümer, nämlich der Flug eines Bumerangs über eine Minute, neun Jahre später Realität werden sollte). Irrtümer, die mit den frühen Veröffentlichungen über Bumerangs verbreitet worden sind, hängen auch damit zusammen, daß die Aerodynamik als Wissenschaft noch unbekannt war; sie wurde erst um die Wende zum 20. Jahrhundert durch die Gebrüder Lilienthal und Ludwig Prandtl begründet. Erst nach dieser Zeit wurde es möglich, die beim Bumerangflug auftretenden Kräfte zu untersuchen und über ihr Zusammenwirken zu reflektieren.

Aber dennoch – dritter Grund – die auftretenden Kräfte sind unsichtbar. Sie sind als Einzelkräfte leichter zu verstehen als in ihrer Komplexität. Es bleibt schwierig, ihr Zusammenwirken menschlichem Verstehen plausibel zu machen. „The boomerang puzzle is not deep, but it is komplex" sagt Felix *Hess* in der Einleitung zu seiner Dissertation, zu der er 1964 den ersten Einfall hatte und die er 1974

vorlegte. Es ist tatsächlich erst der *Flug* des Bumerangs, der alle auftretenden Kräfte zu einer harmonischen Realität vereint.
Der vierte Grund ist eher ein Verschweigen. Was ist eigentlich mit den Aborigines passiert, nachdem Australien mit der Landung James Cooks 1770 in der Botany Bay „entdeckt" worden ist? Indem über die Entwurzelung dieser Menschengruppe eher geschwiegen wird, muß man sich mit den Tatsachen abfinden, daß Tausende von Bumerangs in den Museen lagern, daß mancher Aborigine nur gegen Geld, besser gegen eine Biergabe dazu gebracht werden kann, seinen Bumerang zu werfen. Aber es gibt auch noch die reale Verwendung des Geräts: beim Fischfang zum Beispiel.
Aber wie es auch sei: Verschweigen – Grenzen der menschlichen Fähigkeit zu verstehender Zusammenschau – Unwissenheit – das Dunkel der in der Zeittiefe der Vergangenheit liegenden Entwicklung: Im Flug des Bumerangs wird das schwer Erfaßbare zu einer beeindruckenden Realität. „Die reine Schönheit des Fluges und die Vollkommenheit der Rückkehr sind ein nie endendes Vergnügen", sagt Bernhard S. *Mason* und fährt fort: „Die Herstellung eines Bumerangs ist genau so interessant wie das Werfen. Denn auch wenn jemand Tausende von Bumerangs gebaut hat, immer wieder ist er stolz darauf, wenn der Bumerang exakt zurückkehrt, daß *er* der Urheber des Ganzen war."

Dieses Buch möchte etwas von diesem nie endenden Vergnügen vermitteln, möchte den Leser in die Lage versetzen, sich dieses Vergnügen durch eigenes Tun und eigene Kreativität zu verschaffen und möchte versuchen, den Schleier des Geheimnisses doch so zu lüften, daß in vielen, vielleicht nicht allen Bereichen Erkenntnis an die Stelle von Geheimnis tritt.

Der Bumerang und Australien

Wenn Bumerangs auch über weite Teile der von Menschen bewohnten Welt verbreitet waren, vereinzelt sogar in ihrer Rückkehrvariante, so gilt im allgemeinen gegenwärtigen Bewußtsein doch Australien als Ursprungsland. Das hat mehrere berechtigte Gründe:
Den ersten sehe ich so: Das Riesengebiet war von nur wenigen Menschen bewohnt, die seit etwa 30 000 Jahren nomadisch lebten und im täglichen Daseinskampf überleben mußten. Die wenigen Geräte, die verwendet wurden, Steinwerkzeuge, Speer mit Speerschleuder, Schild und Bumerangs sind stetig weiterentwickelt worden, bis sie Endprodukte ihrer Entwicklung waren, von hohem Standard und, besonders im Falle der Bumerangs, für viele Verwendungszwecke. Wenn man einen der großen kannellierten Nichtrückkehrer oder einen nur 8 mm starken Rückkehrer aus Australien in der Hand hält und weiß, daß solche Stücke aus dem vollen (Hart-) Holz mit einfachen Steinwerkzeugen in wochenlanger Arbeit hergestellt worden sind, dann weiß man endgültig: Hier hältst du ein Ergebnis menschlicher Intelligenz und Arbeitsleistung in der Hand, das Ehrfurcht gebietet.
Zweitens: Die geographische und ethnische Situation hat Australien für lange Zeit zur Entwicklungs„nische" gemacht, so daß die Geräte bis in die Gegenwart hinein benutzt wurden und werden. Wie auch immer die Frage nach der eigentlichen „Erfindung" des Bumerangs und seinem eigentlichen Verwendungszweck beantwortet wird: Es bleibt die Tatsache, *daß* sie entwickelt wurden und in Australien einen besonders hohen Stand der Entwicklung erreicht haben.
Drittens: Seit 1770 wurden Tausende von Bumerangs aus Australien in den Museen der Welt eingelagert, später in den Museen des australischen Kontinents selbst, vorher in den

Museen Europas und anderen Teilen der Welt.
Viertens: Die neuzeitliche Verwendung des Steinzeitwerkzeugs Rückkehrbumerang für sportliche oder wissenschaftliche Zwecke hat seinen Ursprung in den australischen Geräten und in den australischen Menschen, als *direkte* Überlieferung aus Australien in unsere moderne Welt. Deshalb ist die Widmung, die Herb Smith seinem Buch voranstellt, nur folgerichtig: „Dieses Buch ist dem australischen Aborigine gewidmet, weil er der Welt ein einzigartiges und faszinierendes Wurfgerät geschenkt hat." Es ist schon eine Kostbarkeit, wenn ein Aborigine für den Forscher Hanns Peter in wochenlanger Arbeit ein Bumerangpaar fertigt. Welche Gegengabe hätte man denn bereit, außer einer tiefen inneren Achtung vor der Fähigkeit (und, heute, vor der Bereitschaft) eines Menschen, so etwas für einen anderen zu tun? Wir alle sind bereichert, wenn wir heute im modernen Bumerangsport die uralten Geräte weiterentwickeln und ihre Leistungen verbessern bzw. ihre Herstellung erleichtern und für manche Sonderzwecke spezialisieren. Ich meine, insofern ist der Bumerang das einzige steinzeitliche Gerät, das heute noch verwendet und weiterentwickelt wird. Denn Steinäxte und Hakenpflüge haben in unserem Kulturkreis den modernen Geräten für immer Platz gemacht. Und die Menschengruppen, die aus historischem und ethnologischem Interesse für Monate oder Jahre als Vorgeschichtsmenschen leben (Hjerlige Hede in Jütland, Eisenzeitdorf in England, Archäo-

Bumerangs als Rhythmusinstrumente

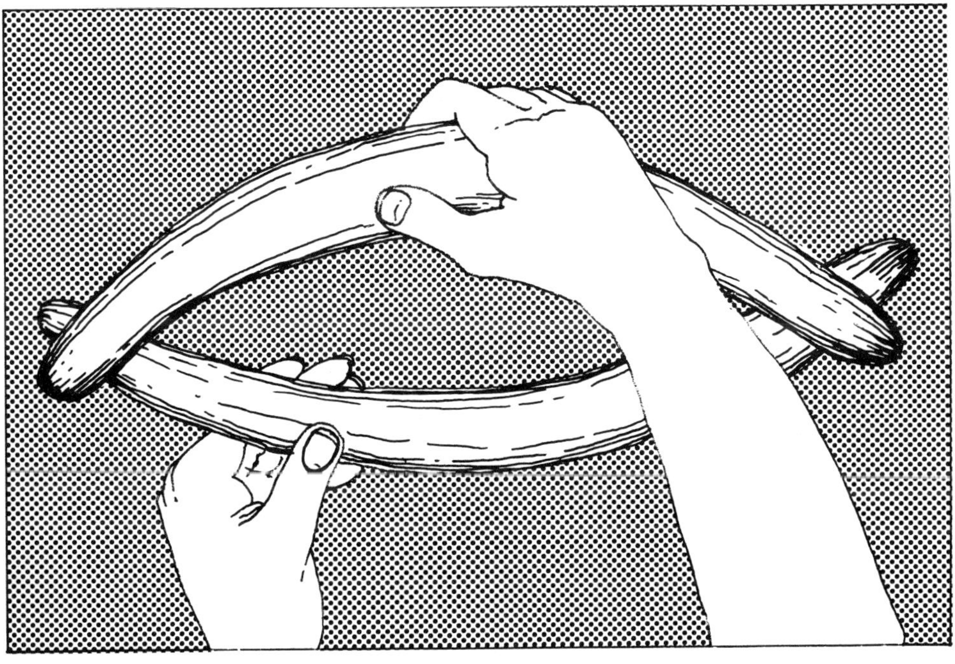

logie-Gelände in Berlin-Zehlendorf) bestehen darauf, daß in ihren Wildbeuter-Zelten und Steinzeithäusern gerade nichts verändert wird.

Wozu wurde der Bumerang wirklich verwendet?

So zahlreich die Verwendungsmöglichkeiten für den Nichtrückkehrer sind, so eng begrenzt scheint die Verwendung der Rückkehrer. Die folgenden Hinweise und Berichte tragen einiges Hintergrundwissen zusammen, das unser Verständnis erweitern und begründen helfen soll.

Geben wir zunächst wieder Johann E. J. *Lenoch* das Wort: Er vertritt die Ansicht, Bumerangs seien ursprünglich Jagdwaffen für Kleintiere und Flugwild. Als Kampfwaffe seien sie deshalb weniger brauchbar, weil der Gegner ihnen leicht ausweichen kann und, wenn getroffen, selten ernstlich verletzt wird. Neben der Verwendung als Jagd- und Kampfwaffe nennt er folgende weitere Verwendungszwekke: als Sportgerät, Spielzeug, Würdezeichen, Kult- und Zeremoniegerät, Grabbeigabe, Zaubermittel, Musikinstrument, Tanzkeule, Botenstab, Feuer„säge"/reiber. Ergänzen wir aus der Liste von Hanns *Peter*: Hebel, Hackmesser, Abschläger und Abdrücker zur Bearbeitung von Flintstein, Harke, Feuerhaken, Messer, Sense, Werkzeug zum Graben, Gerät zum Glätten, Schneidegerät, Tragstock, für Wettkämpfe im Werfen – hier wird deutlich, was gemeint ist, wenn es heißt, daß die wenigen Werkzeuge und Geräte, die nomadisch lebende Menschengruppen mit sich führen, vielfältig genutzt werden.

Diese Aufzählung soll ergänzt werden durch sechs Berichte und Hinweise, die bis in die Gegenwart reichende Anwendungsarten für uns anschaulich machen sollen.

Verwendung im Kampf

Was es bedeutet, wenn wir sagen, der Bumerang wurde zum Kampf benutzt, sei an folgendem Bericht erhellt: Um das Jahr 1840 hatten Männer aus dem Stamm der Meymet einen Mann der Bunurong getötet. Dessen Freunde töteten daraufhin einen Mann des Meymet-Stammes. Nun wurde zu einem Treffen beider Stämme bei Melbourne aufgerufen. Angehörige anderer Stämme waren Zuschauer und Zeugen. Am Tage des Treffens wurden die Frauen im Lager zurückgelassen, und die Männer suchten sich abseits einen Platz. Der Bunurong-Mann stand vor seiner Stammesgruppe, mit einem Schild ausgerüstet. Ihm gegenüber standen die neun oder zehn Verwandten des getöteten Meymet-Mannes. Sie warfen so viele Speere und Bumerangs auf ihn, daß man sie nicht zählen konnte. Zum Schluß wurde er von einem Speer in die Seite getroffen. Jetzt rief der Führer der Meymet: ‚Genug! Geht nun nach Hause!' Der Kampf war zu Ende, es war Blut geflossen. Alle waren wieder versöhnt. Ein großes Corroborree wurde in jener Nacht abgehalten.

Mit dem Bumerang auf Jagd

Max *Hoeben* berichtet: – Auf dem Wege nach Ayers Rock hatte mich ein Lastwagenfahrer eingeladen, mit ihm nach Alice Springs zu fahren. In der Dämmerung sahen wir neben der Straße einen Aborigine mit zwei etwa kniehohen Kylies. Er stand ungefähr 150 Meter von der Straße entfernt. Wir hielten an. Etwa ein Dutzend Känguruhs, die in der Hitze des Tages in der Nähe gelegen haben müssen, kamen plötzlich herbeigesprungen. Der Aborigine warf einen Bumerang, hatte aber offensichtlich nicht auf ein einzelnes Tier, sondern in das Rudel als Ganzes gezielt, das zum Zeitpunkt des Wurfes 60 bis 70 Meter von ihm entfernt war. Der Bumerang stieg bis in etwa Kopfhöhe, flog einen Bogen nach links und traf ein Känguruh unterhalb des Maules mit der Gewalt eines Faustschlages. Das Känguruh sank zu Boden. Der Aborigine, so zwischen 25 bis 30 Jahre alt, rannte zu dem erlegten Tier. Er schrie vor Freude, als wenn er ausdrücken wollte: ‚Ich habe es erwischt! Ich habe es erwischt!'

Enten mit dem Rückkehrbumerang jagen I:
Für Duncan *Maclennon* ist auch der Rückkehr-Bumerang ein Gerät zum Gewinnen von Nahrung. Der Eingeborene muß Nahrung gewinnen mit einem Stock, sagt er. Dabei interessierte es ihn nur wenig, ob der Stock zurückkam oder nicht. Ein Bumerangwerfer, der ein guter Jäger ist, kombiniert die Flugeigenschaften seines Bumerangs und seiner Wurftechnik mit Beziehung auf den Entenschwarm. Wenn der etwa 50 Meter entfernt in der Luft ist, wirft man seinen Bumerang, der auch etwa 50 m aufsteigt und in den Schwarm hineindreht. Genau das macht der Aborigine. Selbst wenn die Enten direkt über dem Jäger sind, kann er sie treffen, mit einem Bumerang mit Verwindung und durch einen Sichelwurf. Dann steigt der Bumerang senkrecht auf.
Immer ist der Bumerang ein gefährliches Jagdwerkzeug, selbst wenn es nur aus Sperrholz ist. Wurf- und Drehgeschwindigkeit machen seine Gewalt aus. Auch kommt die Waffe überraschend von unten. Joe Timbery hat bis zu vier Enten auf einmal vom Himmel geholt. Der Aborigine hat sich doch nicht etwa hingesetzt und gesagt: Jetzt will ich einmal den Rückkehrbumerang erfinden. Nein, er erfand ihn als andere Version des Nichtrückkehrers; der fliegt ja – parallel zum Boden – bis zu 200 Meter weit. Das Geheimnis des Rückkehrbumerangs, der Enten vom Himmel holt, liegt in seinem kleinen Ellbogenwinkel, der die Drehzahl gewaltig erhöht.

Enten mit dem Rückkehrbumerang jagen II:
Jack *Byham* hat es zwar nicht mit eigenen Augen gesehen, bezieht sich aber auf die Erzählungen von „local old fellas here, längst verstorben.“ Sie spannen ein Netz über ein kleines Gewässer. Von einem anderen Gewässer scheuchen Frauen, Kinder und Hunde Vögel vom Wasser auf. Die Werfer – in etwa 50 Meter Entfernung – werfen ihre Rückkehrbumerangs über die Vögel, die jetzt das vom Netz überspannte Gewässer erreicht haben. In der Annahme, sie würden von Raubvögeln angegriffen, wollen sich die Vögel in das unter ihnen liegende Gewässer stürzen, verfangen sich im Netz und werden dann von den Jägern aus den Netzen aufgesammelt und getötet.

Mit dem Bumerang auf Fischfang (The Fish-rang)

Der australische Anthropologe N. Tindale gibt eine Mitteilung von persönlichen Berichten an ihn selbst, einmal vom Stamm der Parnkala, nahe Port Lincoln, Südaustralien, einen weiteren vom Stamm der Bards, die an den Küsten der Dampier-Halbinsel im Nordwesten West-Australiens leben. Beide Stämme haben Bumerangs mit bikonvexem Profil. Sie tauchen ins Wasser ein, noch während sie sich senkrecht drehen. Sie bestehen aus schwerem Hartholz. Ein moderneres Stück aus Metall (!) hat Tindale in Augenschein nehmen können. Die Männer, die zahlreiche solche Bumerangs bei sich tragen, beobachten bei Flut den Küstensaum. Sie versuchen, große Fische, die sie im klaren Wasser in Ufernähe oder beim Brechen einer Brandungswelle erblicken, zu treffen. Jeder Wurf bedeutet natürlich den (zeitweisen) Verlust des Bumerangs. Aber bei Ebbe marschieren die Fischer am Ufer entlang, um ihre verlorenen Waffen wieder einzusammeln.

Bumerang und Psychotherapie?

Chet Snouffer traf während eines Camping-Aufenthalts ein Psychiater-Ehepaar. Der Mann wurde während einer Woche nicht nur ein beidhändiger Werfer. Er wurde auch von dem Gedanken erfüllt, Bumerangs als Therapie-Hilfe für bestimmte Patienten zu verwenden: „Wenn man darüber nachdenkt: Bumerangs werfen ist ja wirklich ein wunderbares Allheilmittel, und vielleicht haben wir als Bumerangwerfer das immer gewußt. Der Erholungsaspekt ist das eine. Aber hier würde es sich darum handeln, eine professionalisierte Anwendung in dieser Richtung herauszufinden, wenigstens ein ernsthaftes Suchen danach. Es klingt wie eine große Idee und verleiht den immerwährenden Worten der Weisheit eine völlig neue Bedeutung."

Was bedeutet der Name Bumerang?

Es gibt bei den Aborigines mehrere Hundert Bezeichnungen für den Bumerang, weil es

viele Dialekte und keine Schriftsprache bei ihnen gibt. Nur die Bezeichnung „Bumerang" ist ihnen nicht geläufig, wie *Lenoch* feststellt. Er leitet den Namen Bumerang von zwei gebräuchlichen australischen Bezeichnungen ab: Erstens von dem am Hunter-River gebräuchlichem „burramanga" oder „boomori"; beides bedeutet Wind und Wurfholz.
Zweitens, für ihn sinnvoller: von der aus Neu-Süd-Wales stammenden Wurzel „buma" = schlagen, kämpfen, töten mit dem angefügten Formativum – „arang"; deshalb besteht er auch auf der Bezeichnung Bumarang, statt des gebräuchlichen Bumerang. Er hat in einem Anhang zu seiner Arbeit eine umfangreiche Auflistung der möglichen Bezeichnungen vorgenommen, aus dem hier eine Probe gegeben werden soll. Es öffnet sich ein weites völkerkundlich-linguistisches Forschungsgebiet, wenn man erfahren will, welche Bezeichnungen denn die Aborigines den Wurfhölzern und Bumerangs gegeben haben. Vor Vereinfachungen kann man also nur warnen.
Die Schwierigkeiten bei der Systematisierung benennt Lenoch so:
1. In den von ihm ausgewerteten Forschungsberichten wird nicht unterschieden zwischen Wurfholz und Bumerang.
2. Die phonetischen Bezeichnungen sind uneinheitlich.
Am Beispiel des *Kaili*, einer westaustralischen Wurfholzart, zeigt er die Schwierigkeiten auf, indem er alle Bezeichnungen aufzählt, die dieses Gerät in der Literatur bekommen hat: kaila, kaile, kalie, kial, kieli, kiley, kilie, koilee, koilie, kylee, kyli und kylie.
3. Man benannte die Wurfhölzer nach unterschiedlichen Kriterien:
nach der Form: ilbagatagata
nach dem Material: poota – poota
nach der Funktion: wetja – wetja
nach Dingen mit ähnlichen Eigenschaften: kaili, boomori, kogera
4. Die australischen Sprachgruppen sind in komplizierten Untersuchungen ausdifferenziert worden. Die chronologische Untersuchung allein der südaustralischen Sprachen ergibt sieben Schichten.
Lenoch unterscheidet schließlich – immer in dem Versuch, die Bezeichnung für Wurfholz/Bumerang abzuklären, vier W-Gruppen, drei B-Gruppen, eine K-Gruppe, eine Y-Gruppe und drei Reduplikationsgruppen. Ich habe nur wenige Beispielnamen ausgewählt:
W I: wama, woni
W II: wangalla, wamgulla, wonguim
W III: warrangun, wurrangaing
W IV: wadana, woodna
B I: barakadan, burrigum
B II: buramna
B III: bulga, bulgong
K: kaili, kyli, kiley
Y: yelkaburre, yulkabari
Reduplikationsgruppen: gattom – gattom, tatoom – tatoom, laidem – littem.
Wer es genauer wissen will, sollte Lenochs Arbeit selbst studieren.

Ursprünge und frühe Spuren

Über den frühesten Fund berichtet Ben Ruhe: Der amerikanische Wissenschaftler Roger Leubbers habe in Wyrie Swaap, nahe Lake Bonny, südwestlich von Adelaide einen Bumerang ausgegraben und sein Alter mit Hilfe der Radio-Carbon-Methode bestimmt auf zwischen 11 000 und 15 000 Jahren.
Einen weiteren gesicherten Fund gab es in Dänemark: Die dort im Brabandsee bei Aarhus gefundenen Stücke aus Ahorn- und Haselholz werden in die Zeit zwischen 4000 und 5000 v. Chr. eingeordnet.
Weiterhin ist ein Steinrelief aufschlußreich, auf dem Gilgamesch mit einem Bumerang in der Hand abgebildet ist. Gilgamesch kann

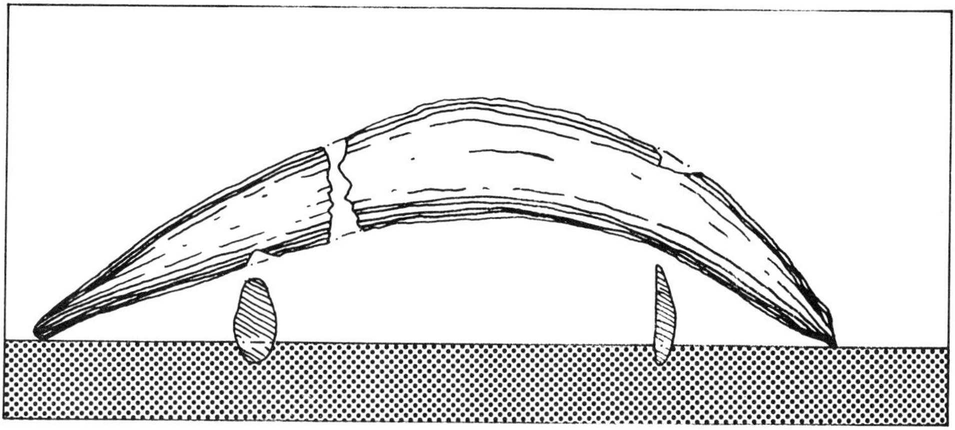

Bumerang vom Brabantsee

Bumerang von Velsen

zeitlich um 1400 v. Chr. eingeordnet werden. Außerdem müssen die Bumerangs genannt werden, die – in sehr guter Verfassung – im Grab des Pharaos Tut ench amun gefunden wurden. Ob die Goldkappen an ihren Enden gleichzeitig Gewichte waren, um ihre Reich-

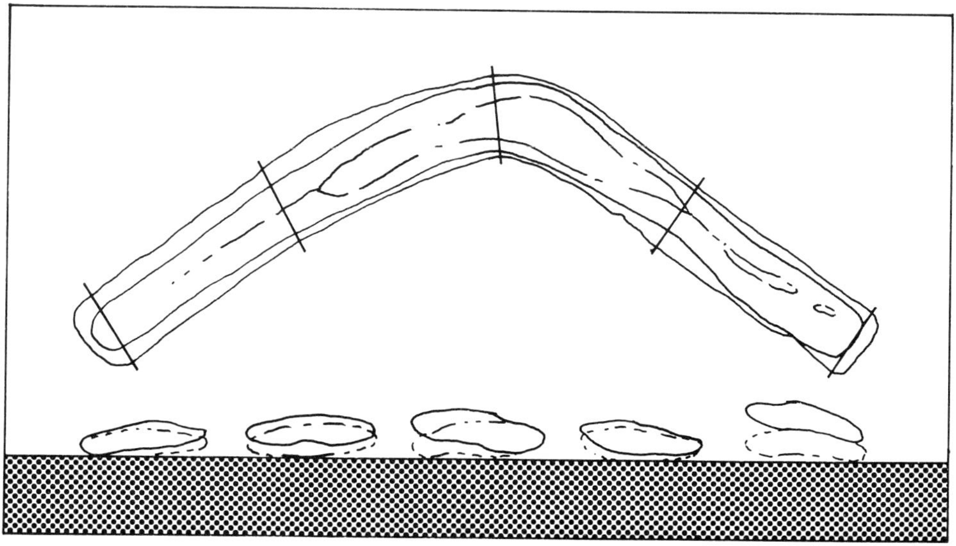

Gilgamesch mit dem Bumerang

weite zu vergrößern und die Rotation aufrechtzuerhalten?
Im Jahre 1962 wurde in Velsen in Holland ein Bumerang ausgegraben, der aus der Eisenzeit stammt, nämlich etwa aus der Zeit um 300 v. Chr.
Der erste Bumerang, den Captain Cook mit nach Europa brachte, wird heute im australischen Museum in Sydney aufbewahrt. Er wiegt 300 g und hat eine Spannweite von 70 cm.

Wie ist das Wissen vom Bumerang in die moderne Welt übertragen worden?

Einige „Überlieferungsreihen", die uns ein Bild vermitteln können über den Zusammenhang zwischen der „Entdeckung" des Bumerangs durch die Fremden und der Entwicklung des modernen Bumerangsports:

1. Als um 1830 die ersten Nachrichten über

Captain Cooks Bumerang

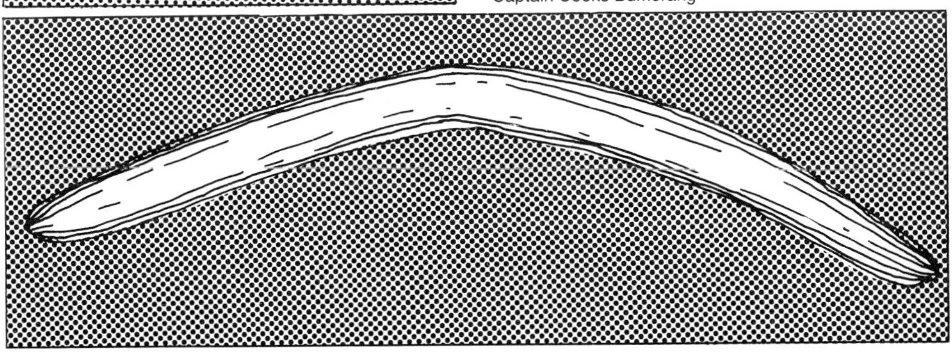

Bumerangs Europa erreichten, verursachten sie beträchtliches Aufsehen. So schreibt ein Journalist im „Dublin University Magazine" im Februar 1838:

„Unter all den vorteilhaften Dingen, die wir von unseren Australischen Siedlungen empfangen haben, scheinen keine mehr totale Befriedigung zu geben als die Einführung einiger Stücke gekrümmter Hölzer, geformt wie eine Mondsichel und Bumerangs genannt. Noch bevor ihre Wirkungsweise ganz verstanden worden ist, haben die Tischler mit allen anderen Arbeiten aufgehört; die Schaufenster der Spielzeugläden zeigen kaum etwas anderes; Spazierstöcke und Regenschirme sind aus der Mode gekommen; und sogar in dieser regenreichen Jahreszeit trägt niemand etwas anderes als einen Bumerang; es ist auch nicht zu erkennen, daß diese Krankheit zurückzugehen scheint."

2. Am 2. Oktober 1822 berichtet Cptn. Philipp Arthur King der Philosophischen Gesellschaft Australiens: „. . . Der Bumerang oder woodah ist eine kurze, gebogene Waffe, die die Eingeborenen von Port Jackson mit sehr genau überlegter Drehbewegung so werfen, daß der Landepunkt vorausgesehen werden kann. Das ist auch beobachtet worden in Port Bowen an der Ostküste und auf der Insel Goulborn im Norden." – Am 1. Jan. 1912 gibt ein Harvey Sutton einen Überblick über den King-Bericht in der Zeitschrift „The Lone Hand". Das „Boomerang Bulletin" Nr. 38 wiederholt im Jahre 1984 diese Mitteilungen und veröffentlicht zusätzlich eine Tabelle von Rückkehr-Bumerangs, die Suttons Bericht beigefügt war. Diese Tabelle zeigt nicht nur verschiedene Umrißformen von Original-Bumerangs. In ihr sind gleichzeitig die grundsätzlich gültigen Grenzwerte der Ellbogenwinkel von Rückkehr-Bumerangs gleichsam abgeschritten: Sie liegen zwischen 50 und 140 Grad.

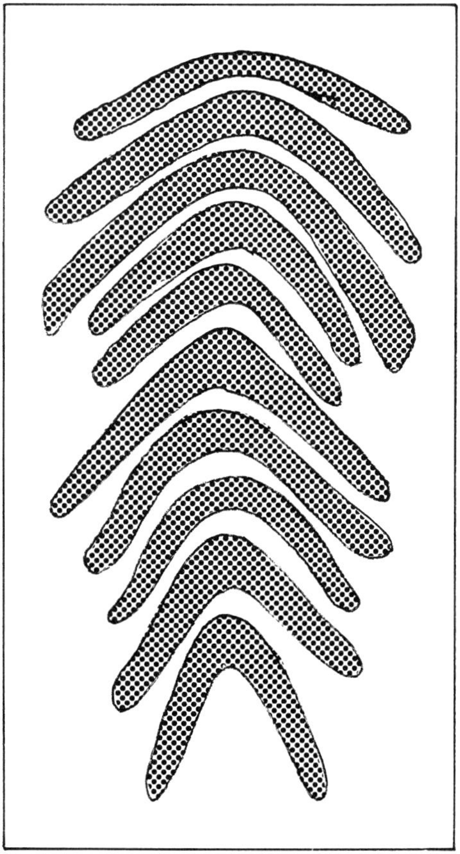

Rückkehrbumerangs aus dem Bericht von Harvey Sutton

3. Anfang des 20. Jahrhunderts veröffentlicht der Münchner Völkerkundler Max Buchner u. a. die Schrift „Das Bumerangwerfen". Er fand, „daß jene Kunst der wilden Australier auch in durchaus profaner Weise nicht bloß zur stillen Geistesgymnastik, sondern auch zum Vergnügen des Leibes nützlich und genießbar ist." Er ist der erste, der eine Reihe unterschiedlicher Flugbahnen und Flugkurven gra-

phisch darzustellen versucht – das haben dann fast alle Veröffentlicher nach ihm auch und in ähnlicher Weise getan; dennoch räumt Buchner ein, „. . . daß auch etwas Menschlich-Persönliches in die Varietäten hineinkommt."
Die zweite Veröffentlichung Buchners, „Das Bumerangwerfen. Ein wissenschaftlicher Sport." geriet im Jahre 1921 dem 15jährigen Willi Urban in die Hände und machte ihn zum Bumerangwerfer, der er die Jahre bis heute geblieben ist. Sein Sport-Bumerang „Comeback" aus glasfaserverstärktem Polyamid, der noch heute aus Leutershausen versandt wird, fehlt wohl in keiner Bumerangsammlung. Urbans Schrift „Geheimnisvoller Bumerang" ist immer noch lesenswert, obgleich sie nicht mehr das einzige Lehrbuch der Welt über das Bumerangwerfen ist, wohl aber als das erste Lehrbuch der Welt bezeichnet werden kann, was Urban immer erwähnt.
Wir haben auch Urbans Bumerang in die Sammlung der Pläne aufgenommen; sein besonders geformtes Profil macht ihn zu einem der wenigen vorhandenen Bumerangs, der sowohl von Rechtshändern als auch von Linkshändern geworfen werden kann. Er bleibt jedoch mit seinen 176 Gramm ein schweres Sportgerät, das einen mutigen Fänger erfordert. Er kann in Sperrholz nachgebaut werden

Profil des „Comeback" von Willi Urban (überhöhte Darstellung)

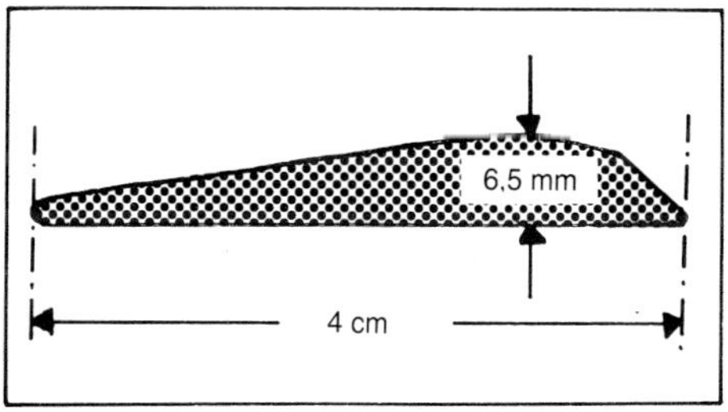

(mit Normalprofil oder mit Urbans Profil). Mit Gewichten von etwa 6 Gramm versehen wird er dann zu einem leichten, präzise zurückkommenden Bumerang (siehe Bauplan Nr. 10).

4. Ebenfalls aus dem Beginn des 20. Jahrhunderts stammt der Bericht von Sir Ralph Payne Gallwey „The Boomerang and how to throw it". Francis C. A. Sarg erwähnt ihn 1911. Mir lag er als Werbeschrift einer britischen Sportgerätevertriebsfirma vor, leider ohne Datum. Wenn Sir Ralph auch im Anzug und mit Hut beim Ausüben des Sports fotografiert worden ist, er scheint bereits ein beachtliches Geschick entwickelt zu haben. Ein Foto zeigt ihn jedenfalls, wie er den ersten „von drei in rascher Folge um einen 90 m entfernten Baum geworfenen Bumerang mit ausgestrecktem Arm" auffängt. Die beiden noch in der Luft sichtbaren habe er ebenfalls nacheinander ergreifen können, ohne seinen Standort zu wechseln.

5. Auch die Gründung der „Boomerang Association of Australia" (B. A. A.) steht in Zusammenhang mit dem berühmten Aborigine-Werfer Bill *Onus*. Der jetzige Vorsitzende, Dennis Maxwell, nahm im Jahre 1962 an einem von Bill Onus in Northcote organisierten Wettkampf teil. 1963 starb Bill, aber ein Kommitee zur Hilfe für Eingeborenenkinder führte die Bumerangwettbewerbe weiter, an denen auch Lorin *Hawes* und Frank *Donellan* teilnahmen. Daraus entstand dann die B. A. A., die offiziell 1969 gegründet wurde.
Seit Ende 1983 ist Paul Smith aus dem Stamm der Nguddindjiddi/Pungurutpulur Vorsitzender der South Australian Boomerang Throwing Association. Paul lehrt Aborigine-Kultur im Auftrag des staatlichen Erziehungs-Departments. Er jagt noch so, wie seine Leute vor 30 000 Jahren gejagt haben und hat manches Kaninchen mit einer Wurfkeule erlegt. Er ist ein hervorragender Bumerangwerfer.

6. Einbeziehen in die Überlieferungsreihe sollte man sicherlich das Ehepaar Gerrish. John hat nicht nur Duncan Maclennan gekannt, der an der Botany Bay und der Rushcutters Bay während mehr als 25 Jahre lang Tausenden von Interessenten aus aller Welt das Bumerangwerfen beigebracht hat, sondern auch dessen Lehrmeister Joe *Timbery*, einen Aborigine. Nach Ansicht von Duncan Maclennan kann man John Gerrish deshalb als einen der Väter des modernen Bumerangsports benennen, weil seine Bumerangs als erste das moderne Tragflügelprofil hatten, mit der Unterscheidung zwischen der gerundeten Vorderkante und der schärferen Hinterkante, und ohne Verwindung auskamen.
Johns Witwe hat an der Förderung des Bumerangsports in den U. S. A. noch heute maßgeblichen Anteil.

7. Ben Ruhe berichtet in schöner Bescheidenheit: „Captain Cook sah die ersten Bumerangs seines Lebens in Botany Bay. Ich auch!" Ich meine, das macht in diesem Zusammenhang sogar Sinn. Ben berichtet, wie er 1956 in La Perouse an der Botany Bay von jungen Aborigines drei Bumerangs erwirbt. „Ihr Besitz schenkte mir eine tiefe Befriedigung. Auf dem Rückweg nach Sydney hielt ich meine Bumerangs glücklich in meinen Händen: Die Erfüllung eines Kindheitstraums."
Ben wurde Mitarbeiter des Smithsonian-Institut in Washington D. C. Im Jahre 1969 überlegte er mit einer Mitarbeiterin, wie die weite, fast immer menschenleere National Mall gelegentlich mit Leben erfüllt werden könnte. Mit einem Bomerang-Throw-In? Die Bumerangs aus La Perouse wurden wieder aktiviert, und es begannen die bis 1982 regelmäßig abgelaufenen Smithsonian Bumerang Wettbewerbe auf der Mall in Washington, von denen ein mächtiger Impuls ausgegangen ist. Freunde trafen sich und warfen „to their heart's content", gute Werfer aus aller Welt konnten für Vorführungen o. ä. gesponsort werden. Tausende von Amerikanern haben hier zum ersten Mal in ihrem Leben Bumerangs fliegen sehen. Leider fiel diese hervorragende Einrichtung im Jahre 1982 Sparmaßnahmen zum Opfer.

Einige Einzelthemen zum Ausklang

Es folgen nun Darstellungen einiger Einzelthemen, die versuchen wollen, den Facettenreichtum der Bumerangwelt zu zeigen und teilweise wiederum Anregungen für eigene Weiterarbeit zu vermitteln:

Die Arbeit der Museen

Die Arbeit der Völkerkunde-Museen spielt natürlich für Überlieferung, Bewahrung und Aktivierung innerhalb der Welt der Bumerangs eine bedeutende Rolle. Bis zum Beginn des 20. Jahrhunderts hatten die Museen teilweise bedeutende Bestände von Bumerangs angesammelt. Sie gaben teilweise selbst Veröffentlichungen heraus, in denen die aufbewahrten Stücke, aber auch ihre Fundgeschichte beschrieben wurden. Auch gab es die ersten Versuche, ohne Kenntnis aerodynamischer Gesetzmäßigkeiten die sich immer wieder aufdrängende Frage zu beantworten: Warum kommt der Bumerang zurück? Überwiegt auch der Eindruck, daß Museen vor allem bewahren, also eher rückwärtsgewandt bleiben, so gibt es auch die der Gegenwart zugewandte Seite, in der durch Ausstellungen auf aktuelle Probleme und Situationen hingewiesen wird und – wie etwa in der Museumspädagogik – das Museum zum Raum für aktive Auseinandersetzung vor allem von Heranwachsenden mit den Objekten des Museums wird. Es ist wiederum die Welt der Bumerangs, in der man die Kontinuität vom Bewahrenden zum Aktivieren in besonderer Weise kultiviert hat und kultiviert.
Doch zunächst zurück zur Betrachtung der Welt des Bewahrenden in den Museen, die nun in drei Beispielen, wenn auch von unterschiedlichem Gewicht, erfolgen soll.
Zuerst seien die *Museen des australischen Kontinents* genannt, deren Bumerang-Sammlungen Hanns Peter, Wien, in zweijähriger Arbeit „aufgenommen" hat. Brigitte Peter berichtet: „. . . Die Fixpunkte auf unserer Monsterfahrt bildeten während der ersten sechs Monate die Hauptstädte der australischen Staaten. Denn in jeder Hauptstadt gab es ein oder zwei Museen und daher auch jeweils eine oder zwei oder mehrere Bumerangsammlungen, die in allen Einzelheiten auf genaueste, ermüdendste und ewig gleichbleibende Weise untersucht, bestimmt und aufgezeichnet werden mußten . . . In einem Zeitraum von vier Monaten hatten Hanns und Markus insgesamt etwa 7500 Bumerangs untersucht. Sie einzeln zur Hand genommen, Länge, Breite und Dikke bestimmt; ihr Gewicht geprüft, den oder die Winkel gemessen, Farbe und Dekoration notiert und etwaige Verzierungen – wie Bemalung und Schnitzerei oder beides – in einer Skizze festgehalten. Davon abgesehen wurden zusätzliche Informationen in Listen vermerkt, wie etwa der Name eines Bumerangs in der jeweiligen Eingeborenensprache, Ort und Jahr seiner Herstellung, der Name des Besitzers, des Sammlers, Ort und Jahr der Erwerbung, Verwendungszweck des Gerätes und so weiter. – Und das alles mal siebentausendfünfhundert! . . ."
Dann möchte ich berichten vom *Hamburgischen Museum für Völkerkunde*. Obgleich es von Ben Ruhe als im Bombenkrieg des 2. Weltkrieges vernichtet gemeldet worden ist,

hat es eine hervorragend aufgebaute Schausammlung sowie ein wohlgefülltes Magazin. Ein großzügiges, vertrauensvolles Entgegenkommen der Leiterin der Südsee-Abteilung, Frau Dr. Wilpert, sowie die freundliche Hilfsbereitschaft ihrer Mitarbeiter ermöglichten mir, eine Durchsicht des Bestandes vorzunehmen. 47 Stücke hielt ich im Umriß für mich fest, wog und vermaß sie (Stärke, Profil, Biegungen). Voller Ehrfurcht nahm ich die einzelnen Stücke in die Hand, die teilweise Gebrauchsspuren an den Griffenden zeigten und so Vorstellungen von ursprünglichen Besitzern wachriefen. Eindrucksvoll war es, wenn eine primitiv eingeschnitzte Finger-Bucht darauf hindeutete, daß ich für meine modernen Bumerangs eine „Erfindung" nach-erfunden hatte, die ein australischer Aborigine schon vor mehr als hundert Jahren für sich erdacht und ausgeführt hatte. Besonders beeindruckt war ich von einem großen Kreuzbumerang, vor allem natürlich von der Technik der Kreuzverbindung. Ebenfalls ehrfurchterweckend waren die großen Hakenbumerangs mit ihrer absolut regelmäßigen Kannellierung auf der Oberseite.

Ich habe einige Stücke nachgebaut: Die Rückkehrvarianten fliegen teilweise ganz herrlich; ein Stück sogar kehrt zurück, obwohl das theoretisch gar nicht möglich sein soll. Es hat nämlich einen Zentralwinkel von 140 Grad, und nach Meinung Hanns Peters' bedarf es zur Rückkehrfähigkeit eines Winkels von höchstens 120 Grad.

Auch die Leiterin des *Kieler Völkerkunde-Museums*, Frau Prof. Dr. Katesa Schlosser, zeigte mir bereitwillig ihre Bumerangbestände: drei in einer Schublade verwahrte, plankonvexe, auf der Oberseite kannellierte Nichtrückkehrer. Unvergessen, wie Frau Schlosser, deren Museum in diesem Jahre sein 100-jähriges Jubiläum feiert, in Hut und Mantel und mit großer Begeisterung auf dem Universitätssportplatz ihre ersten Bumerangwürfe tätigte.

Die eher der Gegenwart zugewandte Seite der Museumsaktivitäten ist immer verbunden mit einem Menschen, der über diese Institution den Bumerangsport fördern helfen will. An fünf Beispielen möchte ich von solchen Entwicklungen berichten, ohne die der Bumerangsport sich nicht so entwickelt hätte, wie es tatsächlich geschehen ist:

1. Das Smithsonian-Institut in Washington mit Ben Ruhe
2. Das Horniman-Museum in London mit Dr. Elisabeth Goodhew und John Wray
3. Das Völkerkunde-Museum in Wien mit Dr. Hanns Peter
4. Das Museum for Modern Flight and Space in Seattle mit Ali Fujino Miller
5. Das Reichsmuseum für Vorgeschichte in Leiden/Holland

1. *Das Smithsonian Institut in Washington DC.*

Über Ben Ruhes Wirken im Zusammenhang mit dem Smithsonian Institut ist an anderer Stelle berichtet worden. Hier sei noch einmal bekräftigt, daß die vierzehn „Smithsonian Tournaments" von 1969 bis 1982 dank des unermüdlichen Wirkens Ben Ruhes und seiner Freunde Bumerang-Geschichte gemacht haben.

2. *Das Horniman-Museum in London – mit Dr. Elisabeth Goodhew*

Das Horniman-Museum veranstaltet seit 1975 unter der Leitung von Dr. Elisabeth Goodhew und John Wray die Horniman Workshops und die Dulwich-Park-Wettkämpfe. In die beiden letzten Workshops/Wettkämpfe waren auch Nichtrückkehr-Bumerangs einbezogen. Soweit mir bekannt, läßt das Horniman-Museum die Verwendung auch von Museums-Bumerangs zu. Wie schon erwähnt: Hier ist die „Bumerang-Wiege" des jungen David Schummy angesiedelt.

3. *Das Museum für Völkerkunde in Wien mit Dr. Hanns Peter*
Herr Dr. Peter berichtete mir von zwei Aktivitäten, die er im Rahmen des in Wien alljährlich stattfindenden Ferienspiels betreut hat: 1979 baute er mit Kindern Rückkehr-Bumerangs aus Sperrholz, die in der Aula des Museums (!) geworfen werden konnten. In sechs Tagen waren 14 000 Besucher gekommen. Weil der Werkraum nur für 30 Plätze eingerichtet war, konnte nur ein geringer Teil der interessierten Kinder berücksichtigt werden. 1981 baute er im gleichen Rahmen Speerschleudern nach einem Modell aus Neu-Guinea.

4. *Das Pacific Museum of Flight and Space in Seattle*
Hier sind meine Kenntnisse gar zu gering. Aber ich weiß, daß durch das unermüdliche Wirken Ali Millers, derzeitige 1. Vors. der U.S.B.A., wesentliche Förderung des Bumerang-Sports ausgegangen ist. So hat sie nicht nur 1984 die Organisation des USA – Australien – Kampfes übernommen. Schon 1981 war es ihr – aus gleichem Anlaß – gelungen, eine Förderung finanzieller Art der Direktoren des Museums zu erreichen und die Sammlung von Geldern durch die Herausgabe und den Vertrieb einer kleinen Schrift („The Boomerang") zu ermöglichen.

5. *Das Reichsmuseum für Vorgeschichte in Leiden/Holland*
stellte von einem sehr alten, jedoch in drei Teile zerbrochenen Bumerang-Fundstück Negativ-Formen her, mit deren Hilfe Felix Hess die Positivform des Bumerangs herausarbeitete und für Experimente draußen verwenden konnte.

Sprachliche Zeugnisse zum Thema Bumerang

Es gibt Beispiele sprachlicher Überlieferung, die uns Heutigen zumindest interessant, teilweise auch informativ erscheinen. Ich habe einige Texte ausgewählt. Ihre Beziehung zur Realität könnten in einigen Fällen durchaus untersucht werden.

Der Australier Les Janetzki hat in „einem Buch in der Bibliothek" eine Geschichte gefunden, die er so erzählt: „Vor vielen vielen Monden, früher in der Traumzeit, saßen alle um das Lagerfeuer und der Häuptling erzählte ihnen, wie der Bumerang entstanden ist. In jenen frühen Tagen mußten die Menschen auf Händen und Knien Nahrung und Wasser suchen. Der Himmel berührte fast den Erdboden, und es war dunkel und sie konnten kaum etwas sehen. Der alte Häuptling kam an ein geheimnisvolles Wasser und beugte sich nieder, um einen Schluck zu trinken. Als er das tat, sah er einen wundervollen Stock im Wasser, einen wundervoll geraden Stock, und als er ins Wasser langte, um den Stock herauszuholen, fiel ihm plötzlich ein: Mit diesem Stock kann ich den Himmel anheben und wir können uns dann alle aufrichten. So drückte und drückte er gegen den Himmel, und dieser erhob sich und die Bäume begannen zu wachsen und Opossums rannten zwischen den Zweigen umher und die Känguruhs begannen vor Freude zu springen und als er dann wieder seinen Stock anblickte, war er ganz furchtbar verbogen und er wollte ihn wegwerfen, weil er dachte, daß er doch zu nichts mehr nütze sei. So warf er ihn, aber er kam zu ihm zurück und er versuchte es ein zweites Mal, und immer wieder kam er auf die gleiche Weise zurück. So behielt er den Stock und nannte ihn Boomerang."

Bei einer Anzahl früher lateinischer Autoren findet man unter dem Namen „Cateia" Hinweise auf Bumerangs, so in der „Aeneis" des Vergil, wo es heißt: „Wurfkeulen pflegen sie nach Art der Teutonen zu schleudern." In den „Punischen Kriegen" des Italicus werden lybische Stämme erwähnt, die Hannibal nach Italien begleiten und mit „gekrümmten Cateias" bewaffnet sind. Eine weitere Erwähnung der Cateia gibt es in den „Argonauten" des Valerius Flacchus, wo von jungen Männern berichtet wird, die Carteias schleudern.

Der Bischof Isidor von Sevilla (um 700) berichtet in den „Origines" gar von Rückkehrbumerangs. Unter der Überschrift „Clava" berichtet er von der Cateia (von Horaz Caia genannt) als von einer Wurfwaffe von eisenhartem Material, an beiden Enden umwickelt, eine halbe Elle lang (?). Die zerschlägt alles, was in ihre Bahn kommt, mit mächtiger Kraft. Wenn sie von einem Meister geschleudert wird, kommt sie wieder zurück zu dem, der sie warf. Die Spanier nennen die „Cateias" auch „Teutonen."

Im „Thrymlied" der älteren Edda (um 1400) finden wir die Geschichte von Thor und seinem Hammer Mjöllnir, der geworfen wird und in die Hand des Werfers zurückkehrt. In der häufig erwähnten Textstelle aus Gustav Freytags „Die Ahnen" (um 1875) scheint das damalige Wissen über Bumerangs adaptiert zu sein:

„. . . Der Fürst winkte, einer aus dem Gefolge sprang nach dem Hofe und trug eine Waffe aus Eichenholz herzu, vom Griffe nach rückwärts gekrümmt, vorn mit scharfer Schneide. Die Keule ging von Hand zu Hand, lachend wogen die Männer das leichte Werkzeug. ‚Eine Waffe dieser ähnlich trägt unser Sauhirt, um Wölfe zu schlagen', rief Theodulf verächtlich, aber Isanbart der Greis entgegnete strafend: ‚Du sprichst töricht, ich sah von solchem Holz, nicht so schwer als dies, einen Schädel brechen wie einen Tonkrug.' Und er legte die Keule dem Wirt in die Hand.

‚Wer jemals in den Ostmarken über eine Walstatt geritten ist' sprach der Fürst, ‚der kennt die Wunden, welche dieser Knorren schlägt. Doch von alten Kriegern habe ich gehört, daß ein Geheimnis in dem Holze liegt und daß man schwer des Wurfes mächtig wird, denn tükkisch soll es dem Unvorsichtigen das eigene Haupt treffen. Nicht unwert ist dieses Holz der Hand eines Edlen, denn es war vor Zeiten eine Waffe, und mein Vater brachte sie aus der Fremde heim.'

‚Dann soll sie ihre Kunst dem Sohn erweisen', rief Ingo freudig und faßte danach. Mit kurzem Armschwung warf er die Keule, sie flog in krausem Bogen durch die Luft, doch als alle meinten, daß sie zu Boden schlagen würde, fuhr sie, wie durch eine Schnur gezogen, wieder nach dem Manne zurück; er packte sie in der Luft am Griff und warf sie wieder hierhin und dahin, immer schneller und immer kehrte sie gehorsam vom Schwunge in seine Hand. So mühelos und lustig schien das Spiel mit dem Eichenkloben, daß die Zuschauer nähertraten und lautes Gelächter durch den Kreis der Männer ging.

‚Das ist ein Gaukelspiel des fahrenden Mannes', rief Theodulf verachtend. ‚Es ist eines Mannes Handwehr', versetzte der Fremde entgegen, ‚schwerlich ist dein Schädel fester als diese Eisenkappe.' Er sprach zu Wolf, und dieser legte in Weite eines Speerwurfs einen alten Eisenhelm auf den Pfahl. Der Fremde maß das Ziel, wog die Waffe in schwingender Hand, warf sie im Bogen nach dem Helm und sprang in gewaltigem Satze nach. Laut krachte das berstende Metall, und doch fuhr die Keule wieder zurück, und wieder packte sie Ingo mit starker Hand und hielt sie hoch. Ein Ruf des Erstaunens erscholl in dem Ringe, ein Haufe sammelte sich neugierig um den zerschlagenen Helm. . ."

Auch die moderne Science-Fiction-Literatur hat sich des Bumerangs bemächtigt. In „The Gentlest Unpeople“, von Frederik Pohl, das mir Ernst Duda zur Verfügung gestellt hat, führen Popagator und The Slide einen Wettkampf mit einem whirlarang durch. Er flog „. . . hinauf in die bewölkte Luft, schwebte, segelte hoch, kam herab und kehrte in seine Hand zurück. . .“

Was hat das Washington-Monument mit Bumerangwerfern zu tun?

Wenn es nicht Felix Hess und nach ihm berühmte andere gewesen wären, würde man ja alles verschweigen. Aber bei soviel Prominenz muß man es wohl aussprechen: Vor Tau und Tag schleichen sich da doch Männer mit ihren Bumerangs heran, bevor die Polizisten ihren Wachdienst aufnehmen und bevor die ersten Touristenbusse kommen und riskieren – in ihrem Ehrgeiz, um das Monument herumzuwerfen – sogar, mit ihren Holzbumerangs den Granitschaft zu beschädigen. Es scheint so zu sein: Ein prominenter Bumerangmann wird man nicht, wenn man eine Dissertation über Bumerangs geschrieben hat, auch nicht, wenn man einige Rekorde hält – die eigentliche Weihe hat nur der empfangen, der um das Washington-Monument herumgeworfen hat. Zeugen sind dabei unwichtig. In keiner Liste eingetragen, nur von der eigenen Gewißheit bestätigt – und dennoch die eigentliche Krönung der Laufbahn. Oder wie sollte man sich sonst die angstvolle Begeisterung erklären, die Herb Smith' Beitrag über dieses Abenteuer durchzieht? Es fing harmlos an. Während seines Weitwurf-USA-Besuchs wird Herb von Majorie Gerrish gefragt, ob er nicht einen Wurf um das Monument herum machen könne. Er bejaht, und um 5.45 Uhr am Morgen brechen sie auf. Schlechtes Wetter, zu starker Wind. Einige andere stoßen zu der Gruppe. Die Wache beäugt das Ganze mißtrauisch. Ben Ruhe spricht kurz mit dem Wachmann, der dem Vorhaben zustimmt, „wenn das Monument nicht beschädigt wird.“ Herb Smith wird nun doch von der Größe und der Situation am Fuße des Denkmals beeindruckt: Gewiß, aus der Ferne sieht man die eindrucksvolle Höhe der 177 m hohen Granitnadel. Aber steht man erst davor, den Bumerang in der Hand, ein Kameramann wartet auf den Abwurf, der Wachpolizist blickt mißtrauisch, der Sturm heult. Und nun wird einem bewußt, was eine Grundfläche von 16,70 mal 16,70 in Wirklichkeit bedeutet, die, auf einem Hügel liegend, von einem gepflasterten Umgang und vor allem von riesigen Fahnenmasten, in einem Abstand von etwa 6 m voneinander stehend, umgeben ist. Die Flaggen wehen in alle Richtungen, der Wind frischt auf. Jetzt kommt auch schon die erste große Schar von Besuchern auf das Monument zugeeilt. Herb nimmt seine Position ein, etwa 3 Meter von einer Ecke des Monuments entfernt, entscheidet, zwischen welchen Fahnenmasten er hindurchwerfen will, holt aus zu einem gewaltigen Wurf. Der Bumerang, wie ein Geschoß fliegend, kommt zwischen den Masten am Monument vorbei und verschwindet hinter der Felsnadel. Herb wartet ängstlich, die Sekunden verstreichen. Dann plötzlich, zu seiner Erleichterung, kommt der rote Hook auf der linken Seite des Monuments wieder in Sicht. „In diesem Augenblick wurde mir das Monument zum Freund, weil es meinen Bumerang nicht zerschmettert hat.“ Als ob er seine Verachtung für die metallenen Flaggenmasten zeigen wollte, flog er noch einmal zwischen zweien von ihnen hindurch und fiel dann hinter mir in den Grasstreifen. „Ich hatte einen erfolgreichen Wurf getan, und jedermann war erleichtert.“

Der Traum jedes Bumerangwerfers: Der Wurf um das Washington-Monument

Die ersten aus der Besuchergruppe, die das Monument erreichten, hatten gar nicht bemerkt, daß die Gruppe vor ihnen den Hügel zu einem ganz anderen Zweck als zur Besichtigung erklommen hatte.
Am nächsten Tag warfen Richard Harrison und Morris Maxwell ebenfalls erfolgreich.
Aber Herb möchte doch wissen, wer seitdem das Monument mitsamt seinen Fahnenmasten mit dem Bumerang bewältigt hat.

Sicherheit

Es ist zwar nicht so, wie Blough Smith seinerzeit vermutete, daß der zurückkehrende Bumerang Zuschauer verfolgt, die sich plötzlich bewegen: „Es ist für Beobachter, die nicht genügend Selbstbeherrschung haben, gefährlich, neben dem Werfer zu stehen. Wenn das Instrument zurückkehrt, muß man es aufmerksam beobachten, und sich nicht bewegen, außer es kommt zu nahe; jede plötzliche Bewegung, von der angstvollen Absicht hervorgerufen, Verletzungen zu vermeiden, ruft einen Treffer geradezu hervor; das kann eine ernste Verletzung zur Folge haben. Es ist deshalb unbedingt nötig, ohne Bewegung stehen zu bleiben und geduldig zu warten, bis die Energie des Gerätes verbraucht ist. Der geschickte Werfer ist in der Lage, Verletzungen zu vermeiden, wenn alle Beobachter an ihrem Platz verharren." – Aber dennoch gibt es immer Verwirrung, wenn der Bumerang in eine Menschengruppe zurückkehrt.
Nun verursachen Wettkämpfe und Vorführungen immer crowded fields. Gewiß: Bumerang-Wettbewerbe sind keine Autorennen und keine Flugtage, aber warum sollte es auch nur einen Verletzten geben, wenn das durch einfache Sicherheitsvorkehrungen zu vermeiden ist? Ich vermag das Lächeln der Auguren nicht zu teilen, die davon berichten, wie ein schwerer Bumerang erst eine 3000 Dollar – Filmkamera zerschlägt und anschließend dem Kameramann eine Stirnwunde schlägt, die ihn blutüberströmt zusammenbrechen läßt und die im nächsten Krankenhaus mit 6 Stichen genäht werden muß. Ich denke auch an einen schweren Unfall während eines großen Wettbewerbes, bei dem ein Experte der USA, unter lauter Experten stehend, von einem Bumerang schwer im Gesicht verletzt wurde, den ein Experte geworfen hatte. Das vom Long-Distance-Wurf zurückkehrende Gerät traf das Opfer quer durch den Mund und verursachte schwere Unterkieferverletzungen mit allen Folgen.
Vor kurzem – ich war Gast einer Gruppe von Schülern, die ihre während einer Projektwoche hergestellten Bumerangs einfliegen wollten – warf ein hilfsbereiter Schüler seiner Mitschülerin einen etwas entfernt gelandeten Bumerang zu. Das rotierend geworfene Gerät sauste auf die Gruppe der Schüler zu und traf ein Mädchen im Gesicht. Es wurde zwar nicht ernsthaft verletzt, aber wir hatten zu tun, es über den erlittenen Schock hinwegzutrösten und ihm die Freude am Werfen zu erhalten.
Beachten wir unsere Sicherheit und die Sicherheit aller Interessierten, die dem Bumerang zu nahe kommen könnten!

Lob des Bumerangs

Statt eines Nachwortes sammle ich noch einmal einige Stimmen von Bumerangwerfern, die einige ihrer Grunderfahrungen aussprechen. Wie ich selbst über das Bumerangwerfen denke, ist, so hoffe ich, im Verlaufe dieser

Schrift klar geworden, so daß ich mich nicht entziehe, wenn ich das Wort an andere Bumerangfreunde weitergebe.
Bumerang und Kommunikation: Duncan Mc Lennon ist seit 25 Jahren Bumerang-Lehrer bei Sydney. Er sagt: „. . . Ich könnte ein Buch über die Bumerangschule schreiben. Es ist zauberhaft. Die Leute kommen sonntagsmorgens in die Rushcutters-Bay. Sie kommen aus vielen Ländern. Keiner kann des andern Sprache sprechen. Aber nachdem sie fünf Minuten lang Bumerangs geworfen haben, tauschen sie Namen und Adressen aus. Bumerangwerfen ist der größte Gleichmacher, den ich kenne. Die Leute können sich bei den australischen Aborigines bedanken . . ."
Was bedeutet ihnen das Bumerangwerfen? Eine Frage und die (verkürzten) Antworten:

- Peter Ruhf: „Es ist eine hochartifizielle Lebensweise, gleichzeitig ein gutes Training für meine Laufbahn als breakdancer."
- Barney Ruhe: „Amateur-Tao; Zen boogie; Neue Bumerangs entwerfen und sie auf ungewöhnlich-neue Art zu werfen ist angewandte Kunst."
- George Reitbauer: „Bumerangwerfen kommt meinen agonalen, kreativen, geistigen, ästhetischen und emotionalen Bedürfnissen entgegen."
- Larry Ruhf: „Großer Fisch in kleinem Teich; eine Art Meditation; füllt die existentielle Leere."
- Eric Darnell: „Das größte Maß an wissenschaftlicher Theorie, das du dir vorstellen kannst, und gleichzeitig die enorme Befriedigung, die darin liegt, sich mit Inhalten jenseits allen Wissens beschäftigen zu können."
- Chet Snouffer: „Du brauchst keine Menschenmengen."
- John Flynn: „Ein Spiel mit dem Wind."

Und Ali Fujino Miller antwortete auf die Frage: Was bringt Ihnen der Bumerangsport? u. a.: „Wozu dient das Leben? Ich glaube nicht, daß ich alles erwähnen kann, was aus der Freude am Bumerangwerfen erwächst . . . aber auf der Liste müßte sein . . .eine Art mystisches Wohlbehagen, geistig und körperlich, Gehirn und Körper in Gang haltend. Es ist ein „gedankenbeladener" Sport. Eine große Anzahl von Einzelfaktoren sind nötig, um einen Bumerang gut zu werfen. Und dann sind da die „Eingeweihten", eine Familie von Freunden. Die Fähigkeit, mit Leichtigkeit Erfolge zu erzielen. Sich mit anderen messen, ohne verbissenen Wettkampf. Auch ermöglicht es Zugänge zu anderen Gebieten, die mich interessieren wie Kunst, Wissenschaft, Anthropologie. Und das schönste ist: Mein Ehemann liebt das Werfen auch, so daß wir etwas haben, das wir gemeinsam tun können. – Um es zusammenzufassen: Alles, was ich zu sagen habe ist, daß ich zehn wundervolle Jahre Bumerang-Erfahrung hinter mir habe und noch weitere zehn, zwanzig, dreißig Jahre erwarte."
Many Happy Returns!

Fachliteratur zum Thema Bumerang

Besonders wenn man beginnt, sich die Welt der Bumerangs zugänglich zu machen, greift man gern nach jeder Zeile, die über Bumerangs veröffentlicht worden ist. Heute hat man schon die Möglichkeit, auch unter deutschsprachigen Schriften auszuwählen; dennoch sollte man, wenn die fremdsprachlichen Kenntnisse auch nur knapp sind, auf die englischsprachige Literatur nicht verzichten.
Die folgende Übersicht soll bei der Auswahl helfen. Zunächst nenne ich drei „Monumental"-Arbeiten:

1. Johannes E. J. Lenoch
„Wurfholz und Bumerang"
Dissertation Wien, 1949
Diese Arbeit sieht das Problemfeld vor allem aus der Perspektive des Völkerkundlers. Sie besteht aus einem Textteil und einem Abbildungsteil. Der Abbildungsteil – mit den dazu gehörenden Erläuterungen auch dem Laien verständlich – hat das wohl umfassendste Material im Hinblick auf Zeitraum und geographischen Raum zusammengefaßt. (Kann nur über den internationalen auswärtigen Leihverkehr entliehen werden. Bei der Bestellung darauf achten, daß die Arbeit aus Textteil und Abbildungsteil besteht.)
2. Felix Hess
„Boomerangs, Aerodynamics and Motion"
Dissertation, Groningen 1975
Diese Arbeit sieht das Problemfeld vor allem aus der mathematisch-naturwissenschaftlichen Perspektive. In englischer Sprache. Große Teile bestehen aus schwer verständlichen mathematischen Ableitungen.
3. Hanns Peter
„Wesen und Bedeutung des Bumerangs"
Die Bumerang-Welt wartet seit Jahren auf das Erscheinen dieses grundlegenden Werkes, das Ergebnis einer zweijährigen Forschungsarbeit, die Hanns Peter 1975/1976 für das Institute of Aboriginal Studies in Canberra durchführte. Er hat die australischen Museumsbestände aufgearbeitet und dabei 7500 Bumerangs untersucht, d. h. u. a. vermessen, gewogen usw. Außerdem führte er Gespräche mit Aborigines in Central Australien und auf Mornington, einer Insel im Golf von Carpentaria.
Das Inhaltsverzeichnis, das der Autor mir freundlicherweise übersandte und der „Vorbericht" Ben Ruhes aus dem Jahre 1980 lassen erwarten, daß die Arbeit Peters nicht nur bisher wenig bekannte oder unbekannte Einzelheiten veröffentlicht, sondern daß zu vielen Fragen Abschließendes gesagt wird, soweit man in diesem Zusammenhang von „abschließend" sprechen will. Es entspricht gewiß der Realität, wenn über 90% der untersuchten Geräte Nichtrückkehrer waren. So sind auch in dem etwa 260 Seiten umfassenden Buch nur 16 Seiten dem Rückkehrer gewidmet, dabei wiederum der Wurftechnik nur 7 Seiten. Ganz sicher also ein Buch für Leser, die umfassend am Bumerang-Problem interessiert sind.
Einen „Randbericht" von der Forschungsreise gibt Brigitte Peter in „Der schlafende Bumerang", Wien-München 1978.

Weitere neuere deutschsprachige Veröffentlichungen:
1. Ger Schurink
„Bumerangs" – Selbstbau und Wurftechnik
Verlag Franckh, Stuttgart 1982
2. Willi Urban
„Geheimnisvoller Bumerang"
im Selbstverlag, Leutershausen 1966
3. Günther Veit
„Bumerangs" – Werfen, Fangen und Selberbauen
Hugendubel, München 1983
4. Klaus Weber
„Der Bumerang – ein Rotationsflugkörper"
ALS Frankfurt 1977

Veröffentlichungen in englischer Sprache:
1. Lorin and Mary Hawes
„All about Boomerangs"
Hamlyn, Sydney, London, New York 1975
2. Benjamin Ruhe
„Boomerang"
Minner Press, Washington DC. 1982
3. Herb Smith
„Boomerangs" – Making and throwing them
Gemstar, Littlehampton 1975
4. M.J. Hanson
„The Boomerang Book"
Penguin Books, Harmondsworth 1974

5. John B. Mauro
„An Introduction to Boomerangs"
Richmond, Virginia 1983
6. David Robson
„Why Boomerangs return"
Selbstverlag Baltimore 1977
7. Pacific Museum of Flight, Seattle
„The Boomerang", o. Jahr
8. Bernard S. Mason
„Boomerangs – How to make and throw them"
Dover Publications, New York 1937
9. H.L. Mayhew
„How to catch a flying Boomerang without using a Net"
Come Back Press, Columbus 1983

Zum Abschluß folgen Hinweise auf Informations- und Mitteilungsblätter von Bumerang-Clubs. Dazu scheint mir wichtig:
Der Informationsgehalt der Blätter ist sehr unterschiedlich. Ich möchte hier keine Wertung geben, sondern empfehlen, sich selbst zu überzeugen. Die Informationen bestehen teilweise aus allgemein interessierenden Themen, aber es gibt auch viele eher regionsbezogene Mitteilungen. Dennoch bekommt man über diese Blätter sehr aufschlußreiche Anregungen fürs Bauen und Werfen, aber auch über das, was in der Bumerang-Welt nun einmal wichtig ist. Man kann den Herausgebern dieser Blätter selbst Anregungen zur Veröffentlichung vorlegen, bzw. man kann schriftlich Stellung nehmen zu dem, was man gelesen hat. – Das muß man allerdings in Englisch versuchen.
Ich gebe die Bezugsanschriften schon hier mit an. Da ich aber die derzeitigen Unkostenbeiträge nicht immer kenne, werden Voranfragen nötig. Wegen hoher Portokosten sollte man 1–3 internationale Postantwortscheine als Rückporto beilegen.
Die Angaben sind nicht ganz vollständig. Ich nenne nur die Blätter, die ich selbst kenne oder beziehe.

1. „Infos" des Deutschen Bumerang Clubs (D.B.C.). Man bekommt sie mit Erwerb der Mitgliedschaft. Monatsbeitrag z. Zt. DM 1,50 monatlich.
Kontaktadresse: Günther Veit, Adelheidstr. 12, 55 Trier
2. „The British Boomerang Society Newsletter"
Anfragen an John Jordan, The British Boomerang Society, 9 Bowood Drive, Wolverhampton W V 6 9 A W
(Erscheint zweimal im Jahr, ergänzt durch Nachdrucke aus „Many Happy Returns"
3. Boemerang (holländisch), erscheint vierteljährlich
über Ger Schurink, p/a v. Assendelftshof 12, 2312 P.J. Leiden/Holland
4. „The Leading Edge" (Chet Snouffer)
Newsletter of the „Free Throwers Boomerang Society" 340 Troy Road, Delaware, Ohio, 43015, USA. Kosten für Europa: $ 10,– jährlich. (erscheint zweimonatl.)
5. „Many Happy Returns" (Ben Ruhe)
An International Quarterly Newsletter on the Art and Sport of Boomeranging. Kontakt: Minner Press, 1882 Columbia Road N.V., Washington DC., 20069
6. „Boomerang Bulletin".
das Blatt der „Boomerang Association of Australia", erscheint 2–3 monatlich. Kontaktadresse: P.O. Box 245, Lilydale, Victoria, 3140, Australia. Kosten einschl. Überseeporto: 20 austr. $ pro Jahr.

Abschließend zum Thema Fachliteratur noch ein Hinweis: In den Literaturverzeichnissen der am Anfang angegebenen „Groß"-Werke sind soviel Titel zu finden, daß man in ihnen einen unerschöpflichen Quell der Anregung finden wird.

Ein Wort des Dankes

Der Autor bedankt sich bei den Bumerangfreunden in aller Welt, von denen er Hilfe und Anregungen empfangen hat. Insbesondere ist er verpflichtet
John *Jordan*, Wolverhampton, Vorsitzender der B. B. S., Herausgeber der B. B. S. N.,
dem unermüdlichen Informator,
dem gründlichen Fragesteller,
dem freundlichen Förderer.
Hanns *Peter*, Wien, der meine Anfragen immer wieder geduldig beantwortet hat.
Ben *Ruhe*, Washington DC., für sein wohlwollendes Interesse an meinen Bumerangs.
Katesa *Schlosser*, Kiel, für ihre freundliche Bereitschaft, mir die Bumerangs ihres Museums zu zeigen.
Günther *Veit*, Trier, der mich in die Welt des Bumerangs eingeführt hat.
Clara B. *Wilpert*, die mir einen außerordentlich fördernden Einblick in die Bumerangbestände des Hamburgischen Museums für Völkerkunde gewährte.

Leser-Dienst

Der Verlag bietet seinen Lesern folgenden Leser-Dienst an:

1. Der Autor beantwortet alle Anfragen, denen Rückporto beiliegt.

2. Der Autor nimmt Bumerangs aus Leserkreisen in Empfang, die nicht befriedigend fliegen. Er fliegt sie ein und sendet sie zurück. Das gleiche gilt für zerbrochene Stücke, wenn der Besitzer sie nicht selbst reparieren kann. DM 5,– für Porto und Verpackung beifügen.

3. Der Autor gibt auch praktische Hilfen beim Erlernen des Bauens, Werfens und Fangens. Setzen sie sich mit ihm in Verbindung.

Anschrift des Autors:
Wilhelm Bretfeld
Postfach 3230
D 2000 Norderstedt

Zu den Bauplänen auf den Seiten 110 bis 127:
Die Umrisse der Bumerangs sind verkleinert dargestellt. Der Abstand zwischen den Gitterlinien beträgt in Wirklichkeit jeweils 5 cm.

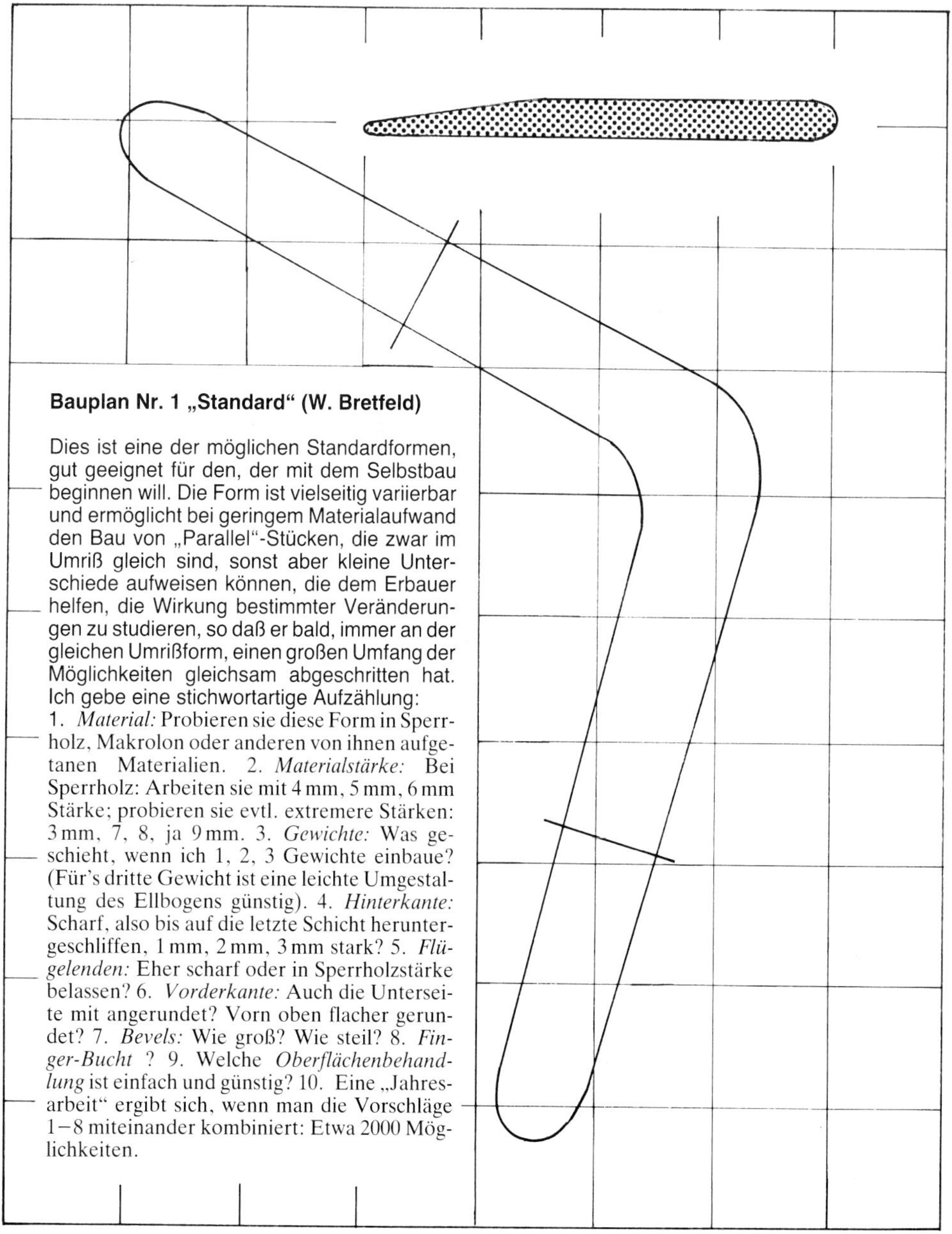

Bauplan Nr. 1 „Standard“ (W. Bretfeld)

Dies ist eine der möglichen Standardformen, gut geeignet für den, der mit dem Selbstbau beginnen will. Die Form ist vielseitig variierbar und ermöglicht bei geringem Materialaufwand den Bau von „Parallel“-Stücken, die zwar im Umriß gleich sind, sonst aber kleine Unterschiede aufweisen können, die dem Erbauer helfen, die Wirkung bestimmter Veränderungen zu studieren, so daß er bald, immer an der gleichen Umrißform, einen großen Umfang der Möglichkeiten gleichsam abgeschritten hat. Ich gebe eine stichwortartige Aufzählung:
1. *Material:* Probieren sie diese Form in Sperrholz, Makrolon oder anderen von ihnen aufgetanen Materialien. 2. *Materialstärke:* Bei Sperrholz: Arbeiten sie mit 4 mm, 5 mm, 6 mm Stärke; probieren sie evtl. extremere Stärken: 3 mm, 7, 8, ja 9 mm. 3. *Gewichte:* Was geschieht, wenn ich 1, 2, 3 Gewichte einbaue? (Für's dritte Gewicht ist eine leichte Umgestaltung des Ellbogens günstig). 4. *Hinterkante:* Scharf, also bis auf die letzte Schicht heruntergeschliffen, 1 mm, 2 mm, 3 mm stark? 5. *Flügelenden:* Eher scharf oder in Sperrholzstärke belassen? 6. *Vorderkante:* Auch die Unterseite mit angerundet? Vorn oben flacher gerundet? 7. *Bevels:* Wie groß? Wie steil? 8. *Finger-Bucht* ? 9. Welche *Oberflächenbehandlung* ist einfach und günstig? 10. Eine „Jahresarbeit“ ergibt sich, wenn man die Vorschläge 1–8 miteinander kombiniert: Etwa 2000 Möglichkeiten.

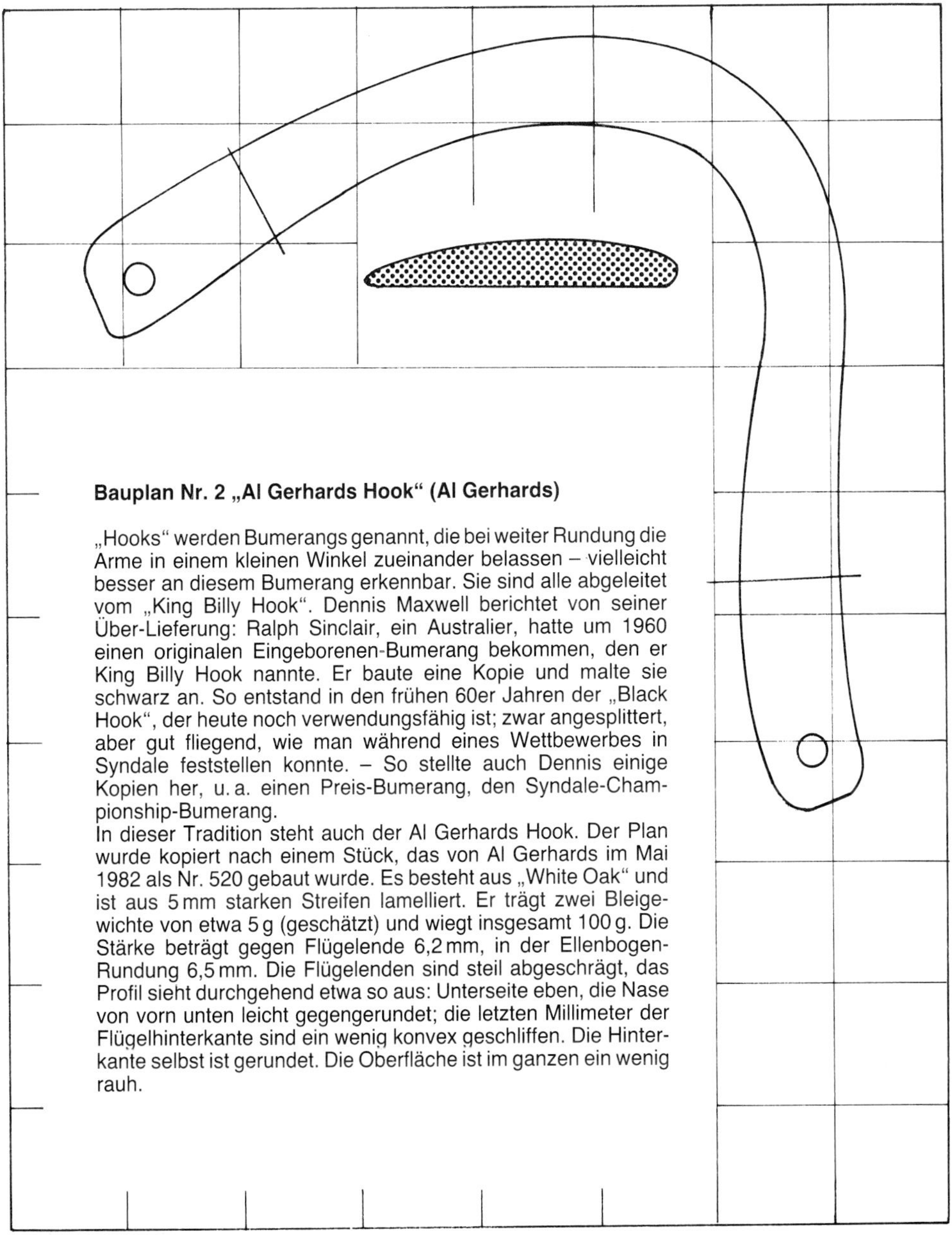

Bauplan Nr. 2 „Al Gerhards Hook“ (Al Gerhards)

„Hooks“ werden Bumerangs genannt, die bei weiter Rundung die Arme in einem kleinen Winkel zueinander belassen – vielleicht besser an diesem Bumerang erkennbar. Sie sind alle abgeleitet vom „King Billy Hook“. Dennis Maxwell berichtet von seiner Über-Lieferung: Ralph Sinclair, ein Australier, hatte um 1960 einen originalen Eingeborenen-Bumerang bekommen, den er King Billy Hook nannte. Er baute eine Kopie und malte sie schwarz an. So entstand in den frühen 60er Jahren der „Black Hook“, der heute noch verwendungsfähig ist; zwar angesplittert, aber gut fliegend, wie man während eines Wettbewerbes in Syndale feststellen konnte. – So stellte auch Dennis einige Kopien her, u. a. einen Preis-Bumerang, den Syndale-Championship-Bumerang.

In dieser Tradition steht auch der Al Gerhards Hook. Der Plan wurde kopiert nach einem Stück, das von Al Gerhards im Mai 1982 als Nr. 520 gebaut wurde. Es besteht aus „White Oak“ und ist aus 5 mm starken Streifen lamelliert. Er trägt zwei Bleigewichte von etwa 5 g (geschätzt) und wiegt insgesamt 100 g. Die Stärke beträgt gegen Flügelende 6,2 mm, in der Ellenbogen-Rundung 6,5 mm. Die Flügelenden sind steil abgeschrägt, das Profil sieht durchgehend etwa so aus: Unterseite eben, die Nase von vorn unten leicht gegengerundet; die letzten Millimeter der Flügelhinterkante sind ein wenig konvex geschliffen. Die Hinterkante selbst ist gerundet. Die Oberfläche ist im ganzen ein wenig rauh.

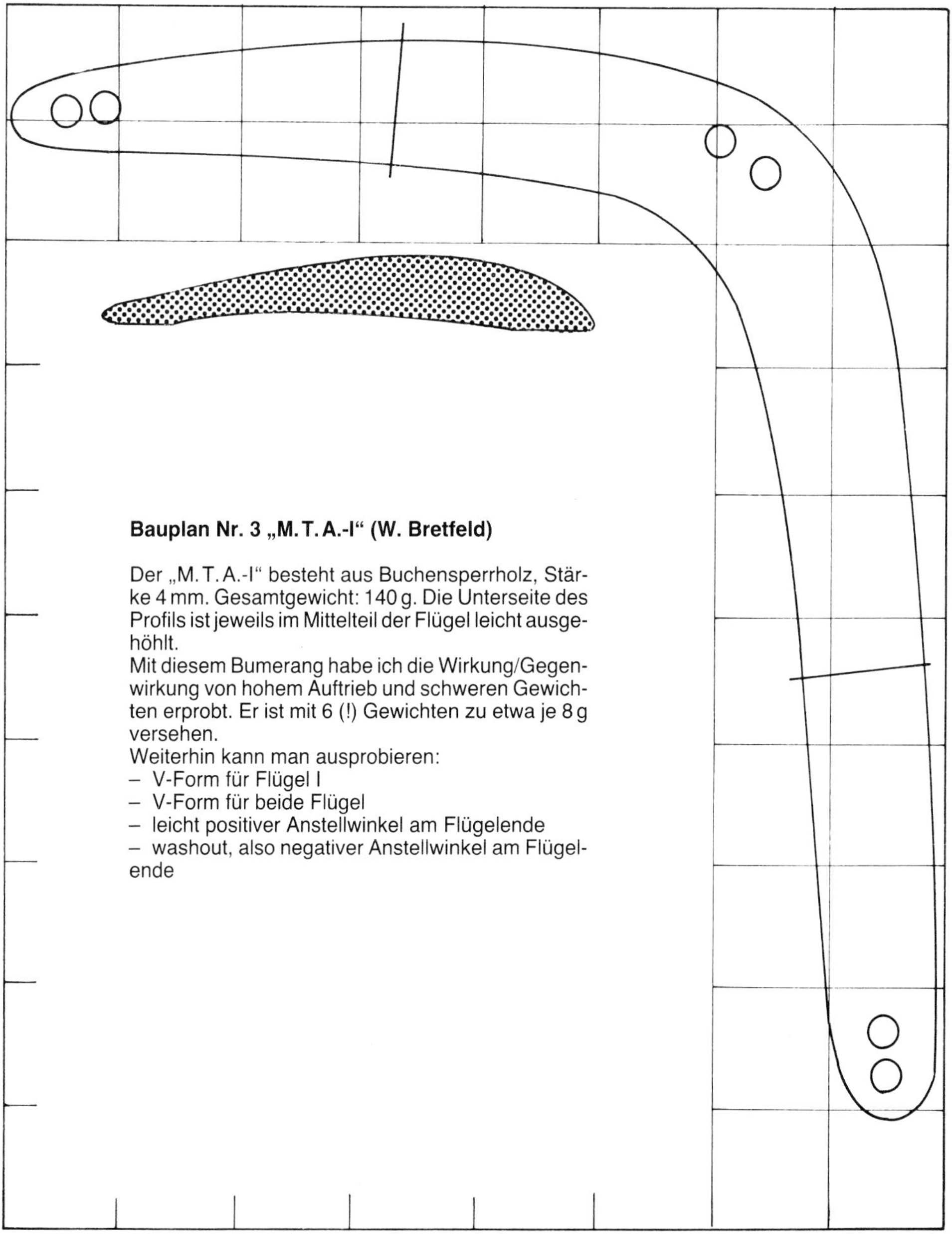

Bauplan Nr. 3 „M. T. A.-I" (W. Bretfeld)

Der „M. T. A.-I" besteht aus Buchensperrholz, Stärke 4 mm. Gesamtgewicht: 140 g. Die Unterseite des Profils ist jeweils im Mittelteil der Flügel leicht ausgehöhlt.
Mit diesem Bumerang habe ich die Wirkung/Gegenwirkung von hohem Auftrieb und schweren Gewichten erprobt. Er ist mit 6 (!) Gewichten zu etwa je 8 g versehen.
Weiterhin kann man ausprobieren:

- V-Form für Flügel I
- V-Form für beide Flügel
- leicht positiver Anstellwinkel am Flügelende
- washout, also negativer Anstellwinkel am Flügelende

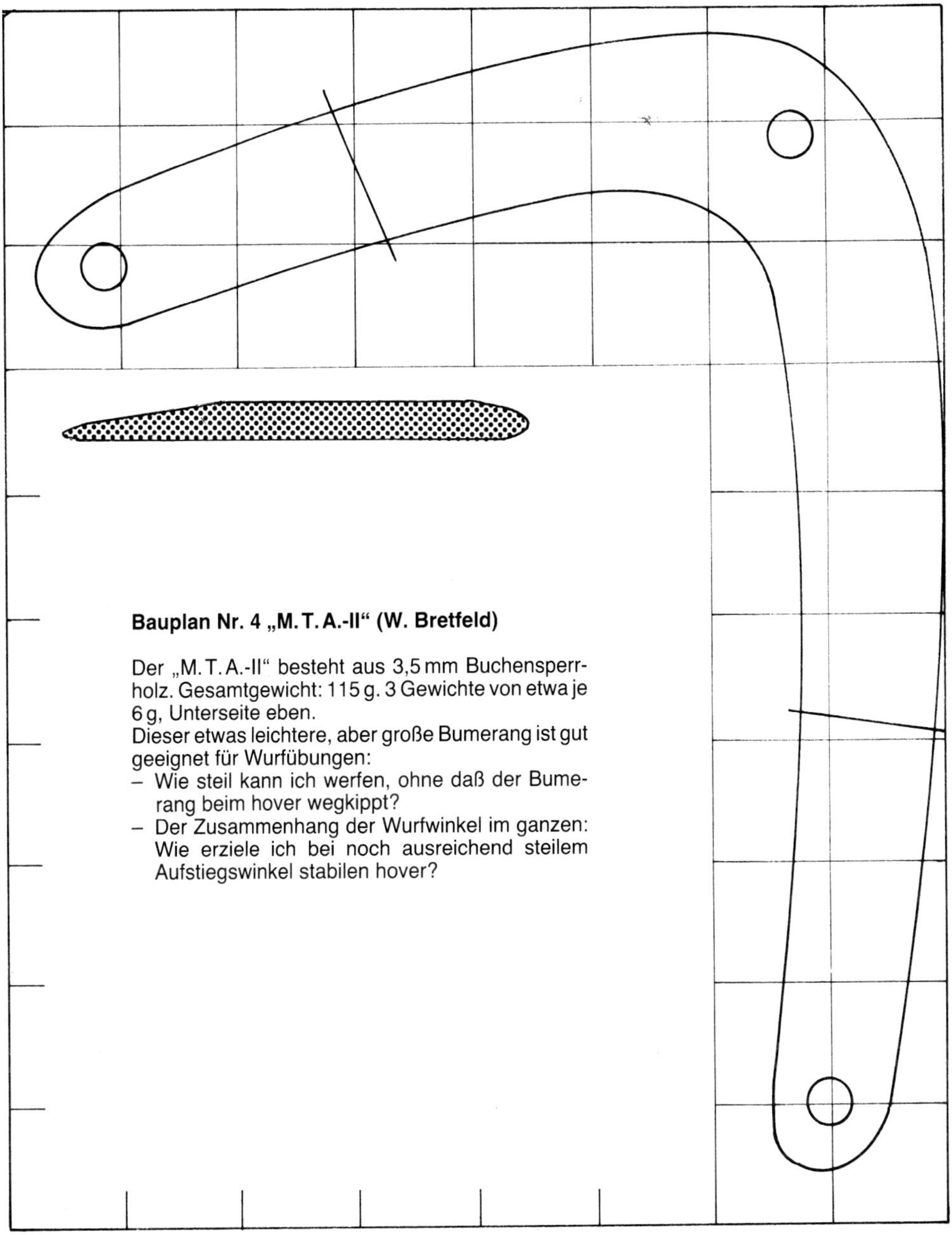

Bauplan Nr. 4 „M. T. A.-II" (W. Bretfeld)

Der „M. T. A.-II" besteht aus 3,5 mm Buchensperrholz. Gesamtgewicht: 115 g. 3 Gewichte von etwa je 6 g, Unterseite eben.
Dieser etwas leichtere, aber große Bumerang ist gut geeignet für Wurfübungen:

- Wie steil kann ich werfen, ohne daß der Bumerang beim hover wegkippt?
- Der Zusammenhang der Wurfwinkel im ganzen: Wie erziele ich bei noch ausreichend steilem Aufstiegswinkel stabilen hover?

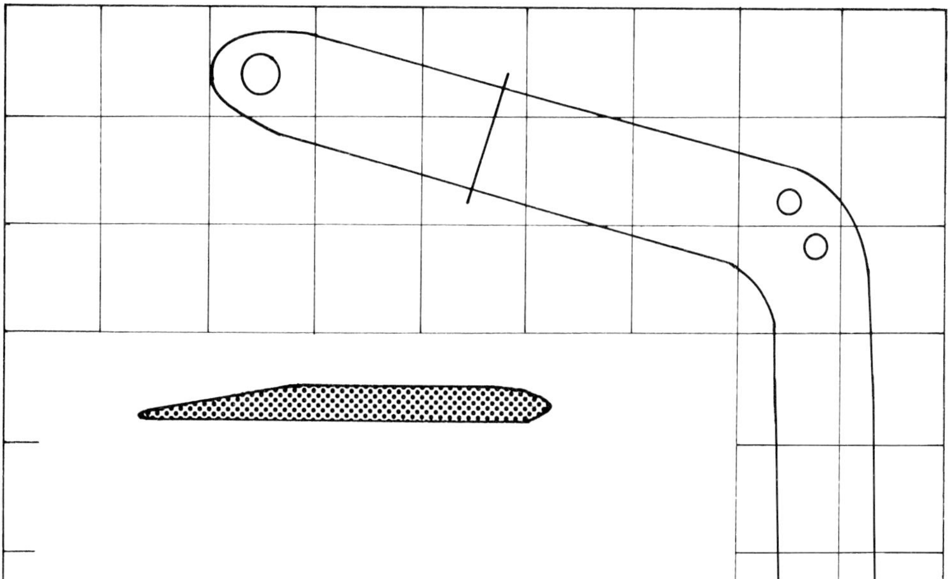

Bauplan Nr. 5 „Wilhelm Bretfeld Design“

Dieser klassische Langflieger besteht aus 3,3 mm Birkensperrholz (6 Schichten). Er wiegt 90 g und trägt 4 Gewichte: je eins, etwa 7 g schwer an den Flügelenden, 2, etwa je 4 g schwer im Ellbogen. Die Unterseite ist eben, jedoch ist die Vorderkante von unten leicht gegengeschärft. Leichte V-Form eingebogen. Beide Flügelenden haben leichtes washout. Während der Probewürfe auf dem Feld wird er immer noch zurechtgebogen. Er hält dann die veränderte Form für einige Zeit.
Zur Verwendung verweise ich auf den Text, erinnere aber noch einmal an einige wichtige Dinge:

1. Kräftig aufwärts werfen!
2. Viel Spin!
3. Neigungswinkel variierend probieren. Dabei auch Luvwinkel verändern, je nach Windstärke.

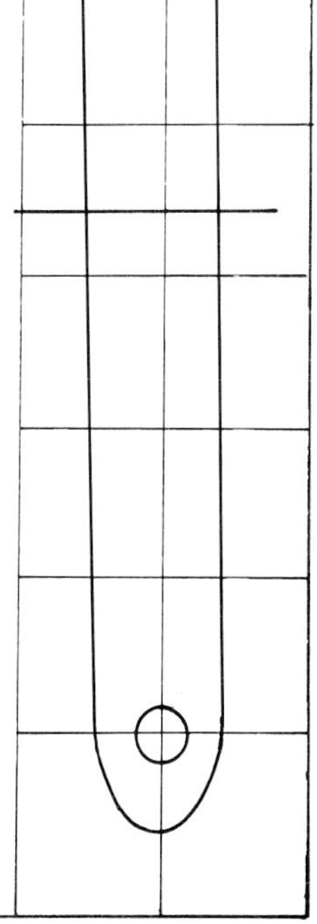

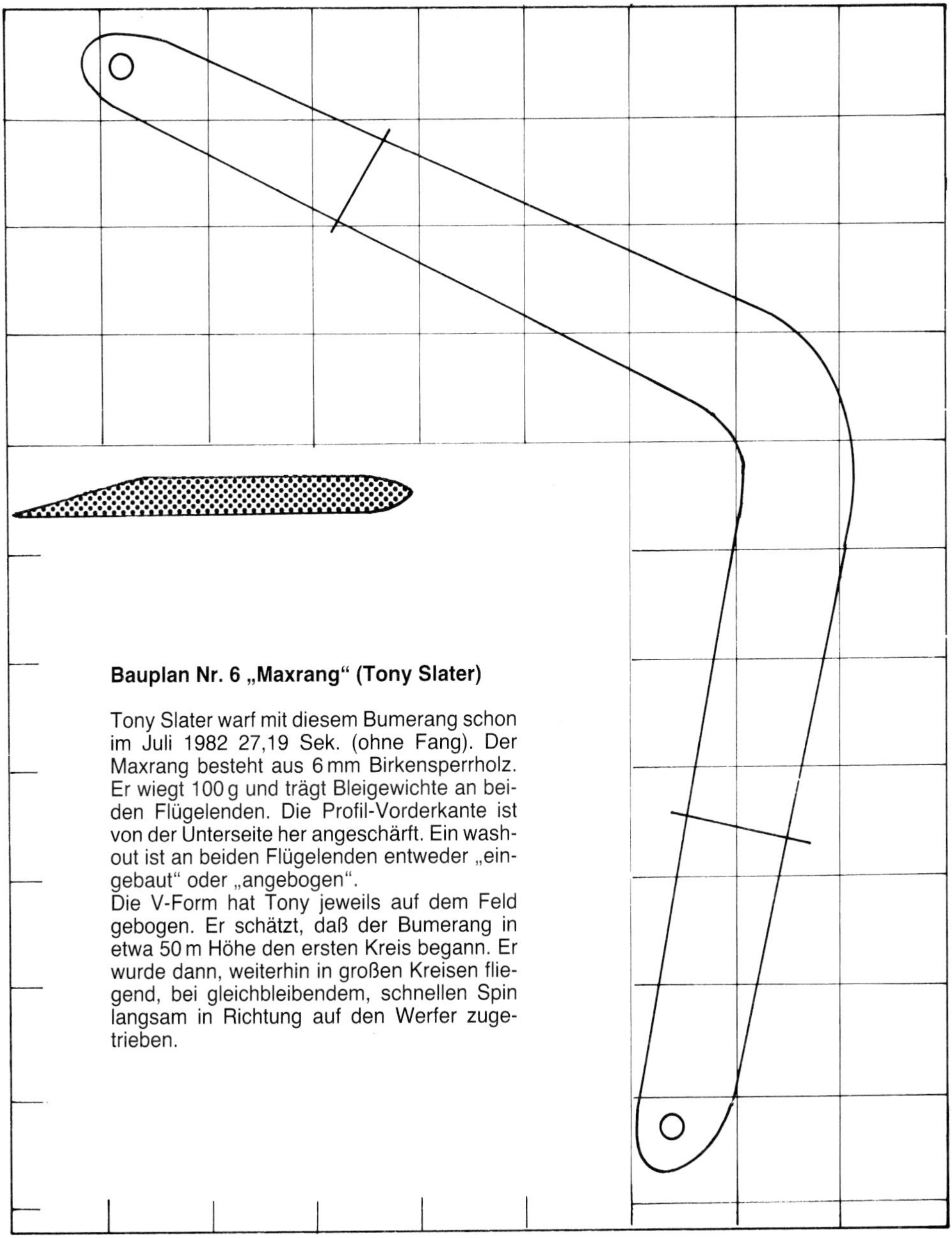

Bauplan Nr. 6 „Maxrang“ (Tony Slater)

Tony Slater warf mit diesem Bumerang schon im Juli 1982 27,19 Sek. (ohne Fang). Der Maxrang besteht aus 6 mm Birkensperrholz. Er wiegt 100 g und trägt Bleigewichte an beiden Flügelenden. Die Profil-Vorderkante ist von der Unterseite her angeschärft. Ein washout ist an beiden Flügelenden entweder „eingebaut“ oder „angebogen“.
Die V-Form hat Tony jeweils auf dem Feld gebogen. Er schätzt, daß der Bumerang in etwa 50 m Höhe den ersten Kreis begann. Er wurde dann, weiterhin in großen Kreisen fliegend, bei gleichbleibendem, schnellen Spin langsam in Richtung auf den Werfer zugetrieben.

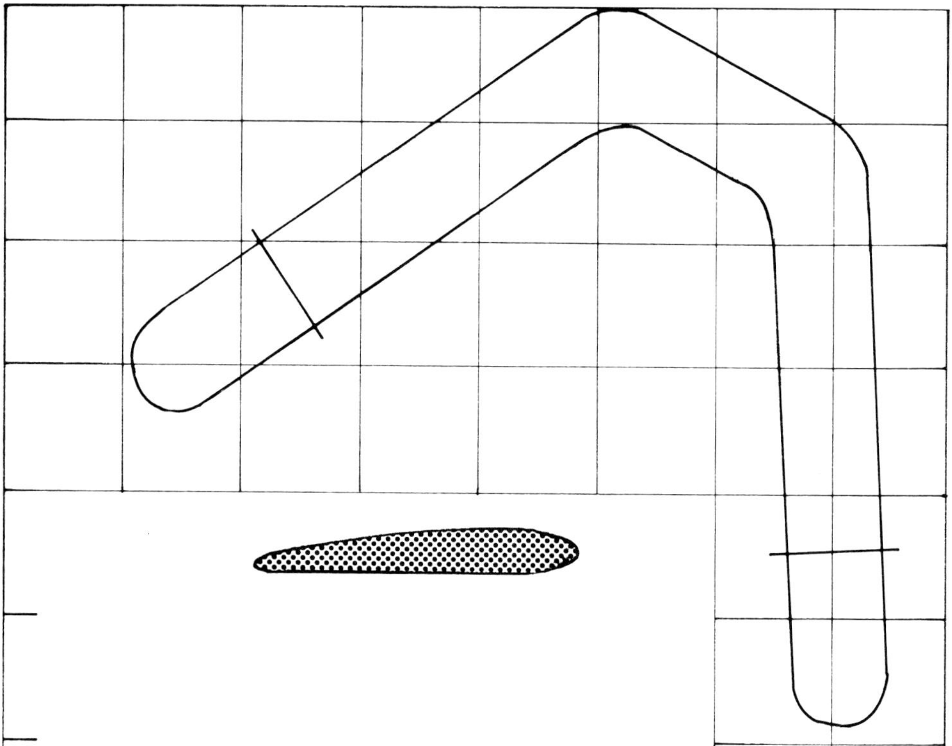

Bauplan Nr. 7 „Nick Mc Auliffe Trapezoid" (Mc Auliffe)

Über den Bumerang selbst liegen mir nur wenige Angaben vor: Spannweite 33 cm, Flügelbreite: 4 cm. Immerhin berichtet Nick, daß die Anbringung einer Penny-Münze an jedem Flügelende den Wurfkreis um 50 % vergrößert hat; daraus schließe ich, daß das Sperrholz kein allzugroßes Gewicht hatte. Außerdem ist die Form des Profils nicht angegeben. Ich empfehle, mit einem Profil zu beginnen, das auch von unten deutlich angerundet ist.
Materialstärke 5–6 mm

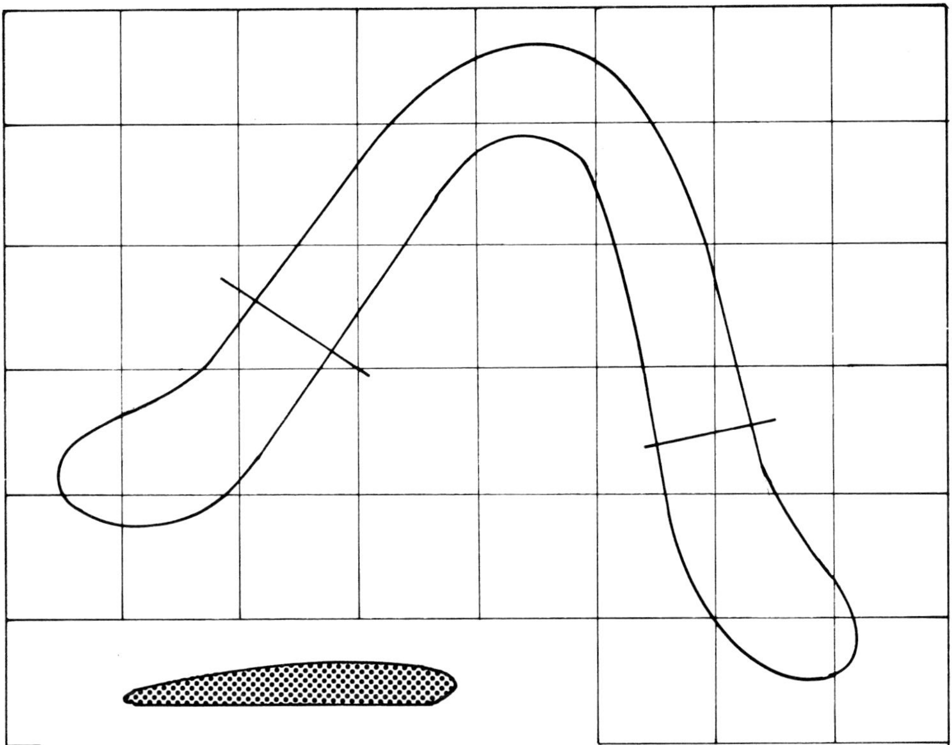

Bauplan Nr. 8 „Seabreeze II“ (Chet Snouffer)

Der Bumerang ist eine Art Abfallprodukt, um Abfall zu vermeiden. Chet zeichnete in einen Omega-Umriß einen weiteren Bumerang, das wurde Seabreeze II; in dessen Innenumriß entstand ein weiterer: die Seabreeze III.

Der Seabreeze II besteht aus 6 mm Sperrholz. Leichte Bevels an beiden Flügelenden. Auch hier keine weiteren Angaben, sodaß man selbst versuchen muß, ein genau zurückkehrendes Gerät zu erhalten.

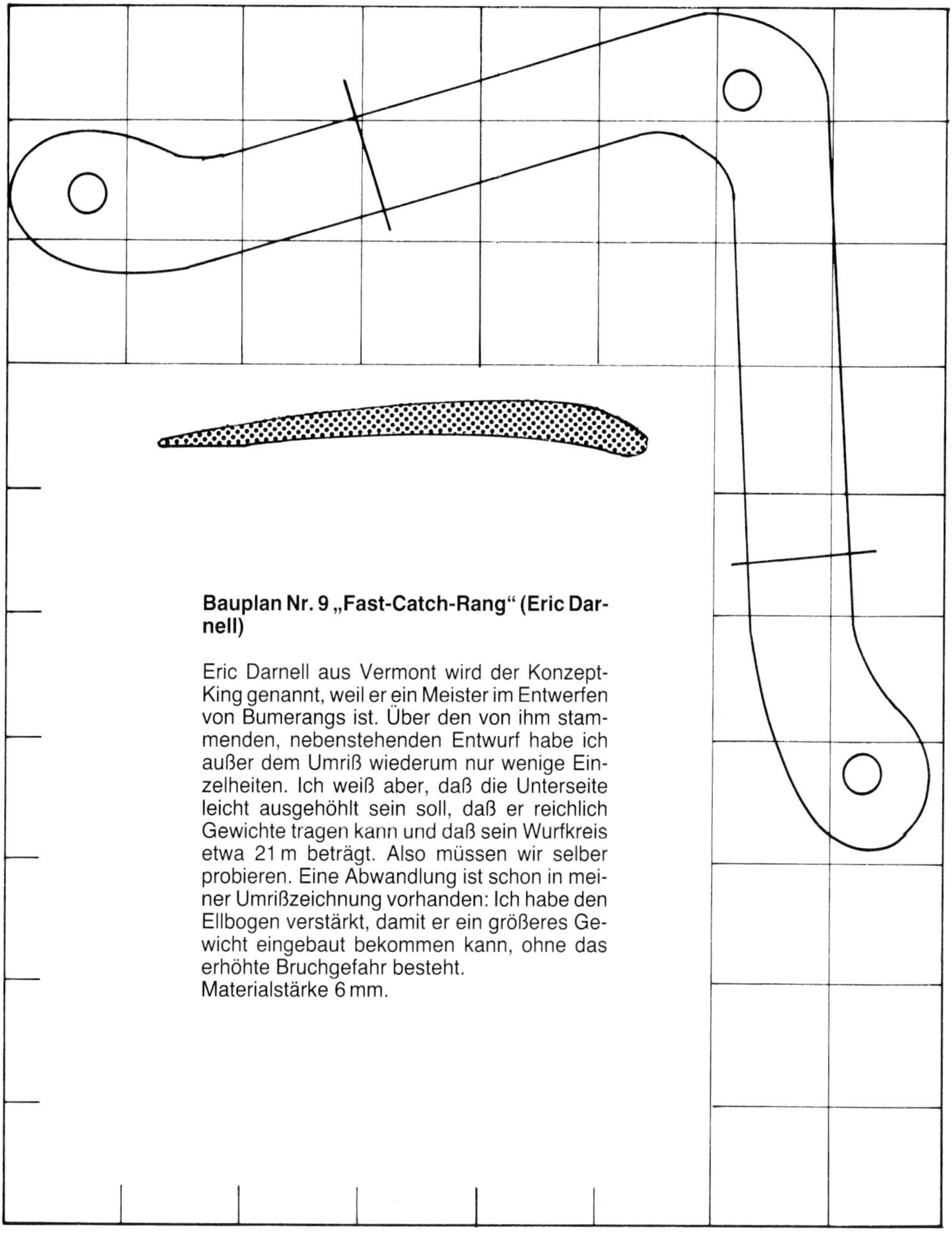

Bauplan Nr. 9 „Fast-Catch-Rang“ (Eric Darnell)

Eric Darnell aus Vermont wird der Konzept-King genannt, weil er ein Meister im Entwerfen von Bumerangs ist. Über den von ihm stammenden, nebenstehenden Entwurf habe ich außer dem Umriß wiederum nur wenige Einzelheiten. Ich weiß aber, daß die Unterseite leicht ausgehöhlt sein soll, daß er reichlich Gewichte tragen kann und daß sein Wurfkreis etwa 21 m beträgt. Also müssen wir selber probieren. Eine Abwandlung ist schon in meiner Umrißzeichnung vorhanden: Ich habe den Ellbogen verstärkt, damit er ein größeres Gewicht eingebaut bekommen kann, ohne das erhöhte Bruchgefahr besteht.
Materialstärke 6 mm.

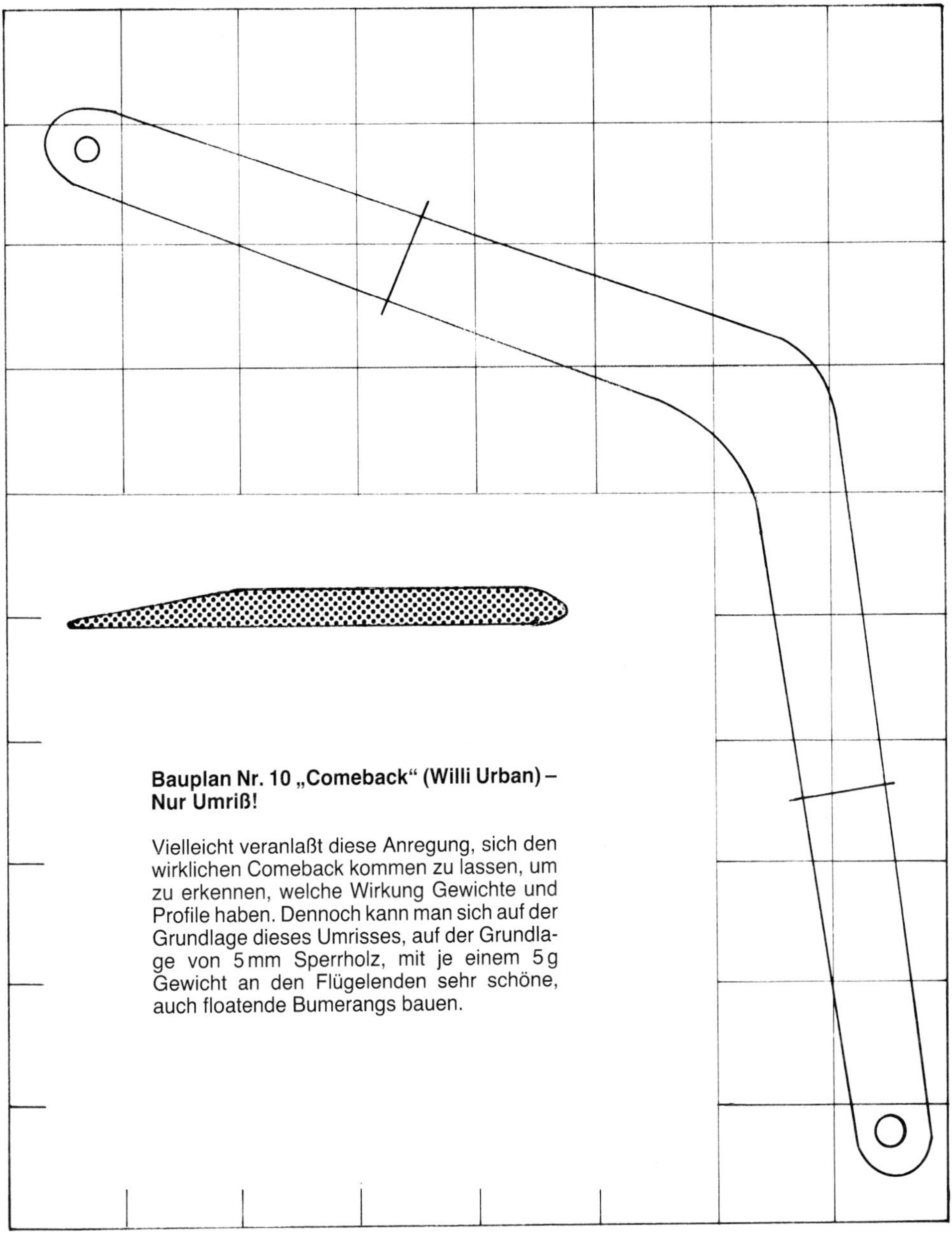

Bauplan Nr. 10 „Comeback“ (Willi Urban) – Nur Umriß!

Vielleicht veranlaßt diese Anregung, sich den wirklichen Comeback kommen zu lassen, um zu erkennen, welche Wirkung Gewichte und Profile haben. Dennoch kann man sich auf der Grundlage dieses Umrisses, auf der Grundlage von 5 mm Sperrholz, mit je einem 5 g Gewicht an den Flügelenden sehr schöne, auch floatende Bumerangs bauen.

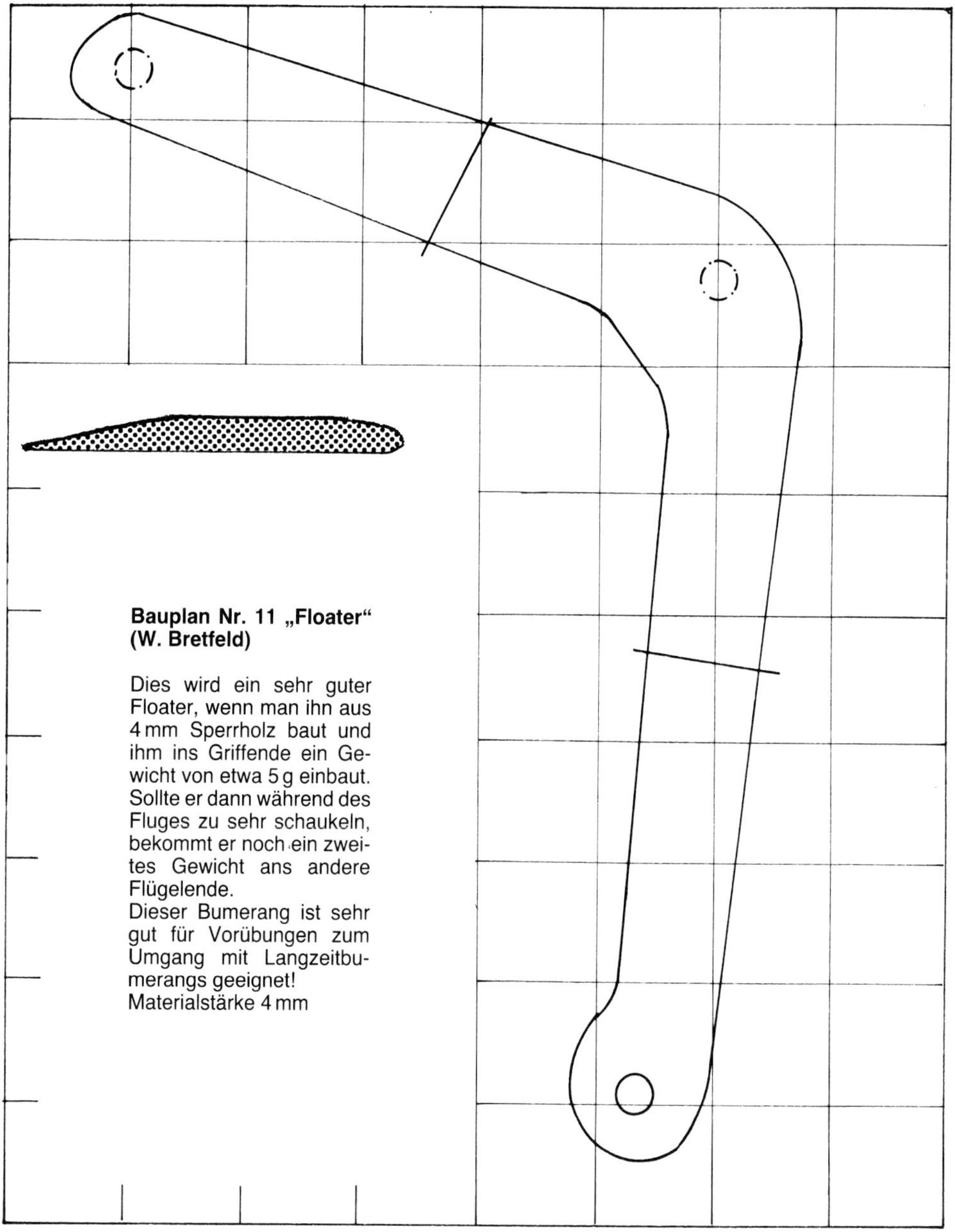

Bauplan Nr. 11 „Floater“ (W. Bretfeld)

Dies wird ein sehr guter Floater, wenn man ihn aus 4 mm Sperrholz baut und ihm ins Griffende ein Gewicht von etwa 5 g einbaut. Sollte er dann während des Fluges zu sehr schaukeln, bekommt er noch ein zweites Gewicht ans andere Flügelende.
Dieser Bumerang ist sehr gut für Vorübungen zum Umgang mit Langzeitbumerangs geeignet!
Materialstärke 4 mm

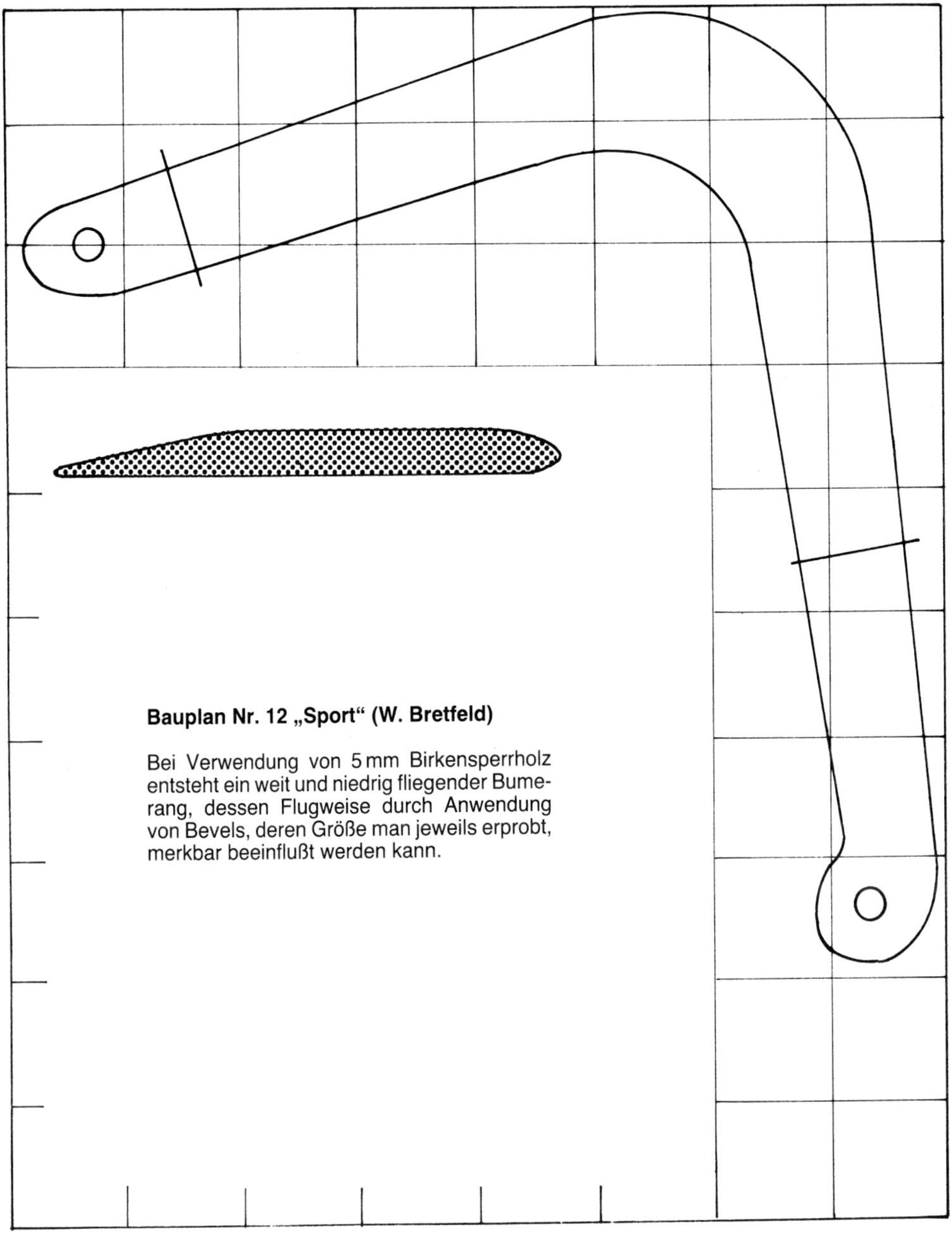

Bauplan Nr. 12 „Sport“ (W. Bretfeld)

Bei Verwendung von 5 mm Birkensperrholz entsteht ein weit und niedrig fliegender Bumerang, dessen Flugweise durch Anwendung von Bevels, deren Größe man jeweils erprobt, merkbar beeinflußt werden kann.

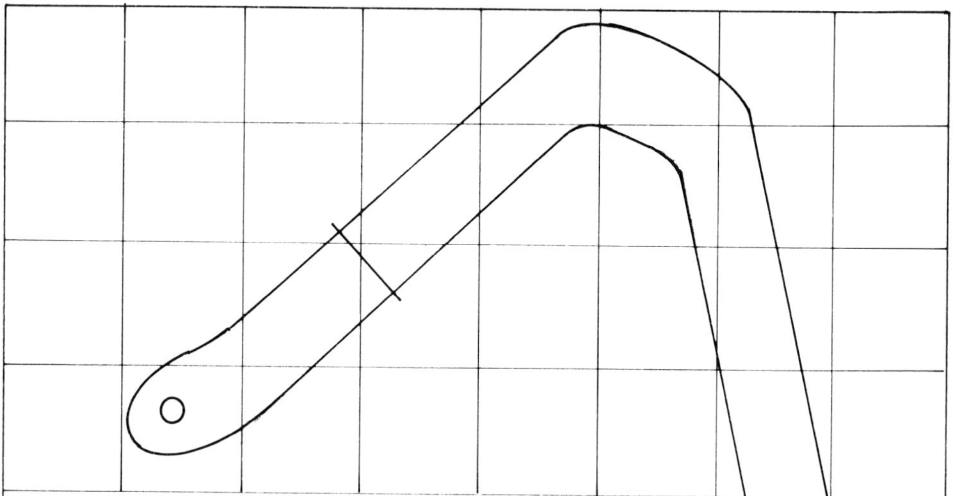

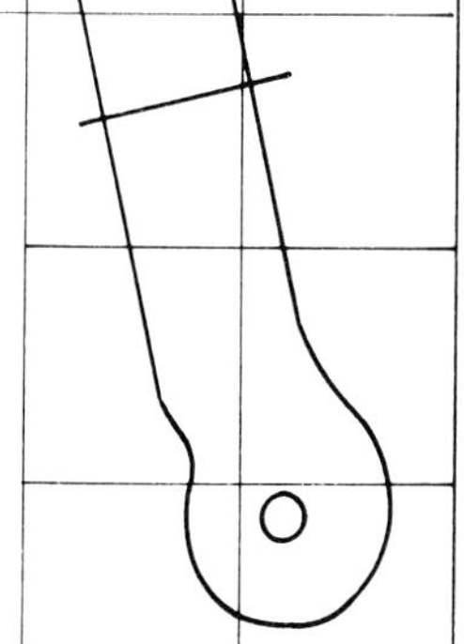

Bauplan Nr. 13 „Williams Hook“ (W. Bretfeld)

Die Form dieses ganz und gar unmöglichen Bumerangs wurde auch von einem Reststück Sperrholz mitbestimmt. Bei einer Holzstärke von 5 mm (Birke, 10 Schichten) fliegt dieses Gerät einen weiten (geschätzt: 40 m) sehr niedrigen Kreis. Interessant ist, daß der Bumerang noch nicht aufgerichtet zurückkommt, sodaß man üben muß, die Fanghände der Rotationsebene anzupassen.
Wenige Gramm Gewicht an einem oder beiden Flügelenden vergrößern den Flugradius, erfordern aber auch mehr Wurfkraft.

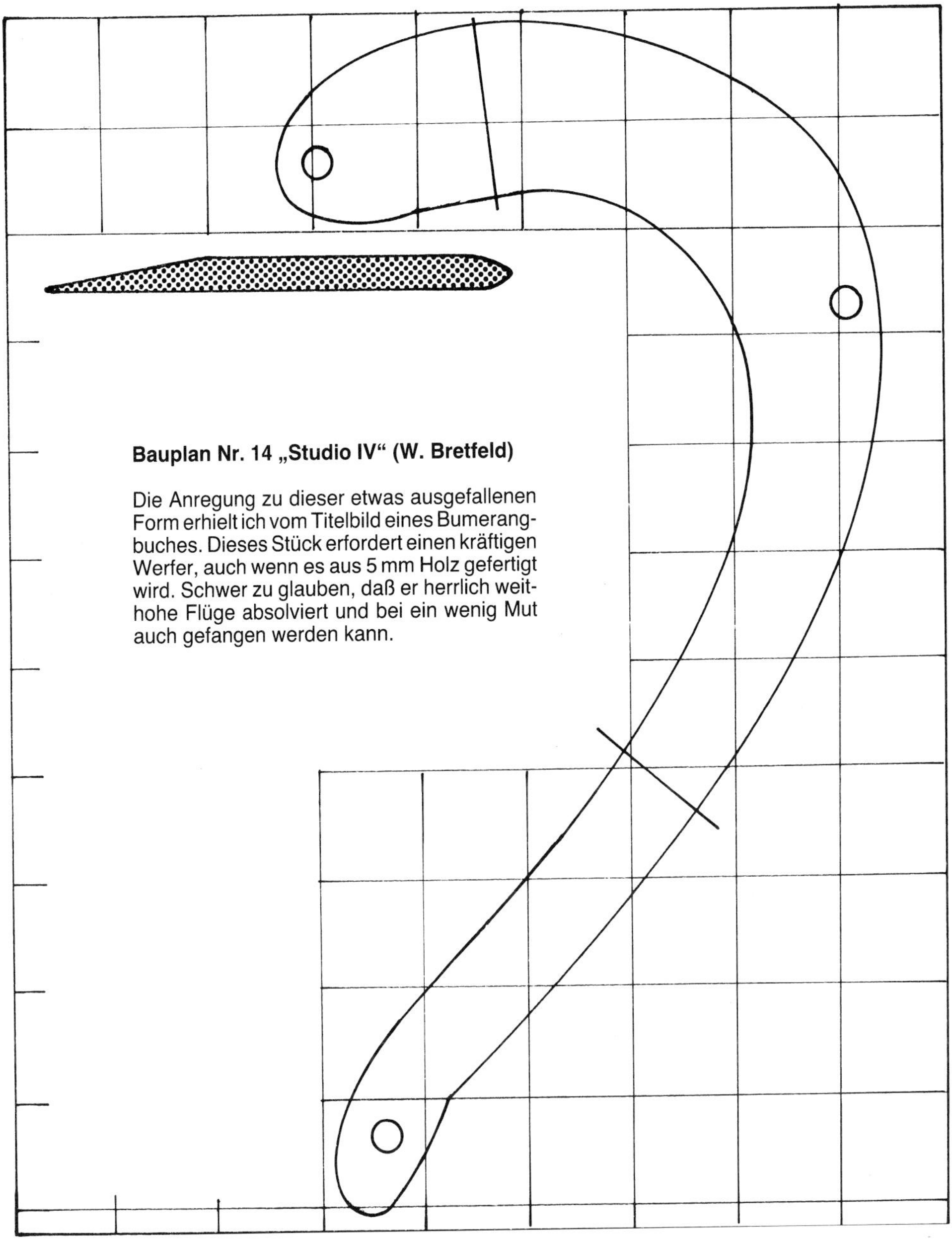

Bauplan Nr. 14 „Studio IV" (W. Bretfeld)

Die Anregung zu dieser etwas ausgefallenen Form erhielt ich vom Titelbild eines Bumerangbuches. Dieses Stück erfordert einen kräftigen Werfer, auch wenn es aus 5 mm Holz gefertigt wird. Schwer zu glauben, daß er herrlich weithohe Flüge absolviert und bei ein wenig Mut auch gefangen werden kann.

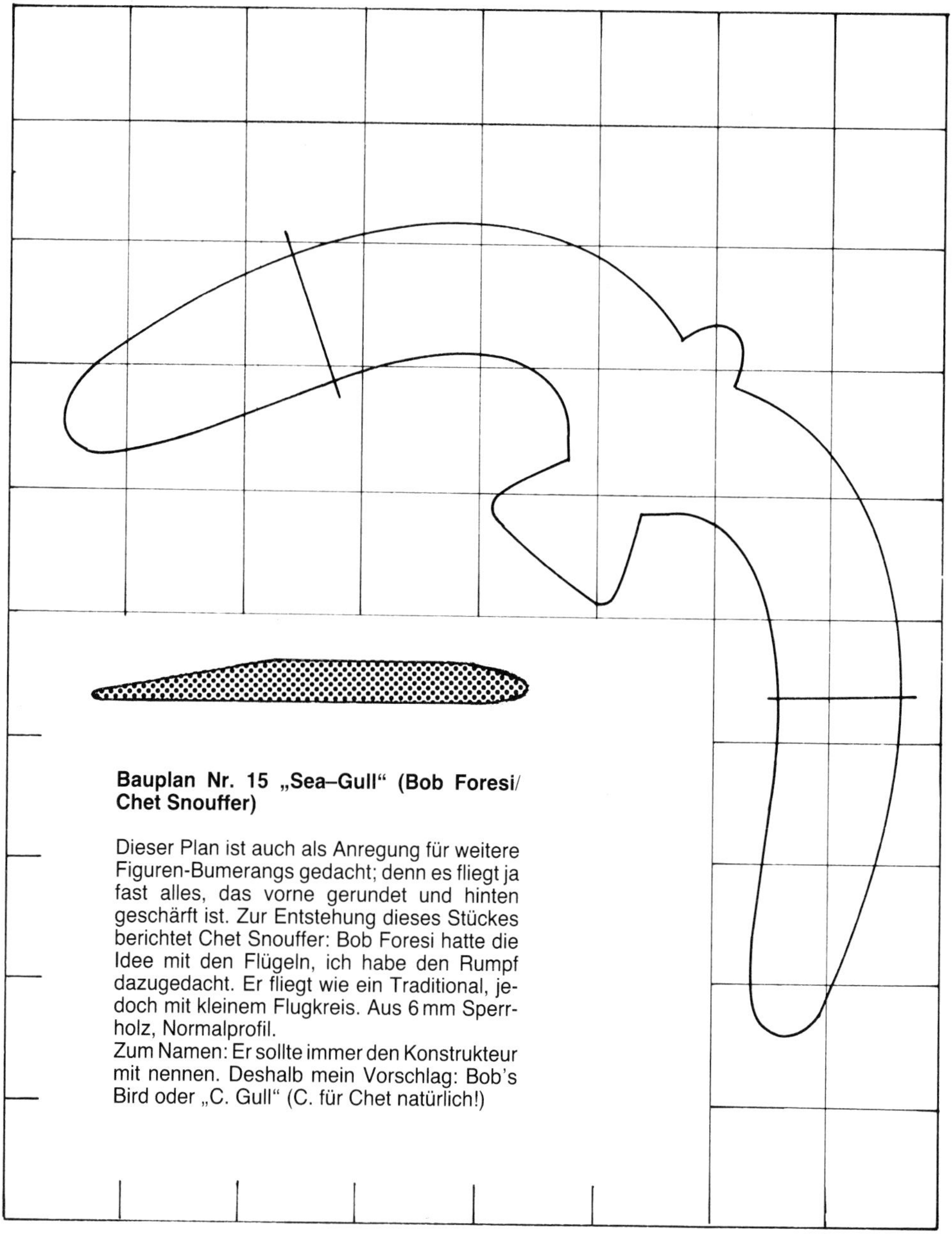

Bauplan Nr. 15 „Sea–Gull“ (Bob Foresi/ Chet Snouffer)

Dieser Plan ist auch als Anregung für weitere Figuren-Bumerangs gedacht; denn es fliegt ja fast alles, das vorne gerundet und hinten geschärft ist. Zur Entstehung dieses Stückes berichtet Chet Snouffer: Bob Foresi hatte die Idee mit den Flügeln, ich habe den Rumpf dazugedacht. Er fliegt wie ein Traditional, jedoch mit kleinem Flugkreis. Aus 6 mm Sperrholz, Normalprofil.
Zum Namen: Er sollte immer den Konstrukteur mit nennen. Deshalb mein Vorschlag: Bob's Bird oder „C. Gull“ (C. für Chet natürlich!)

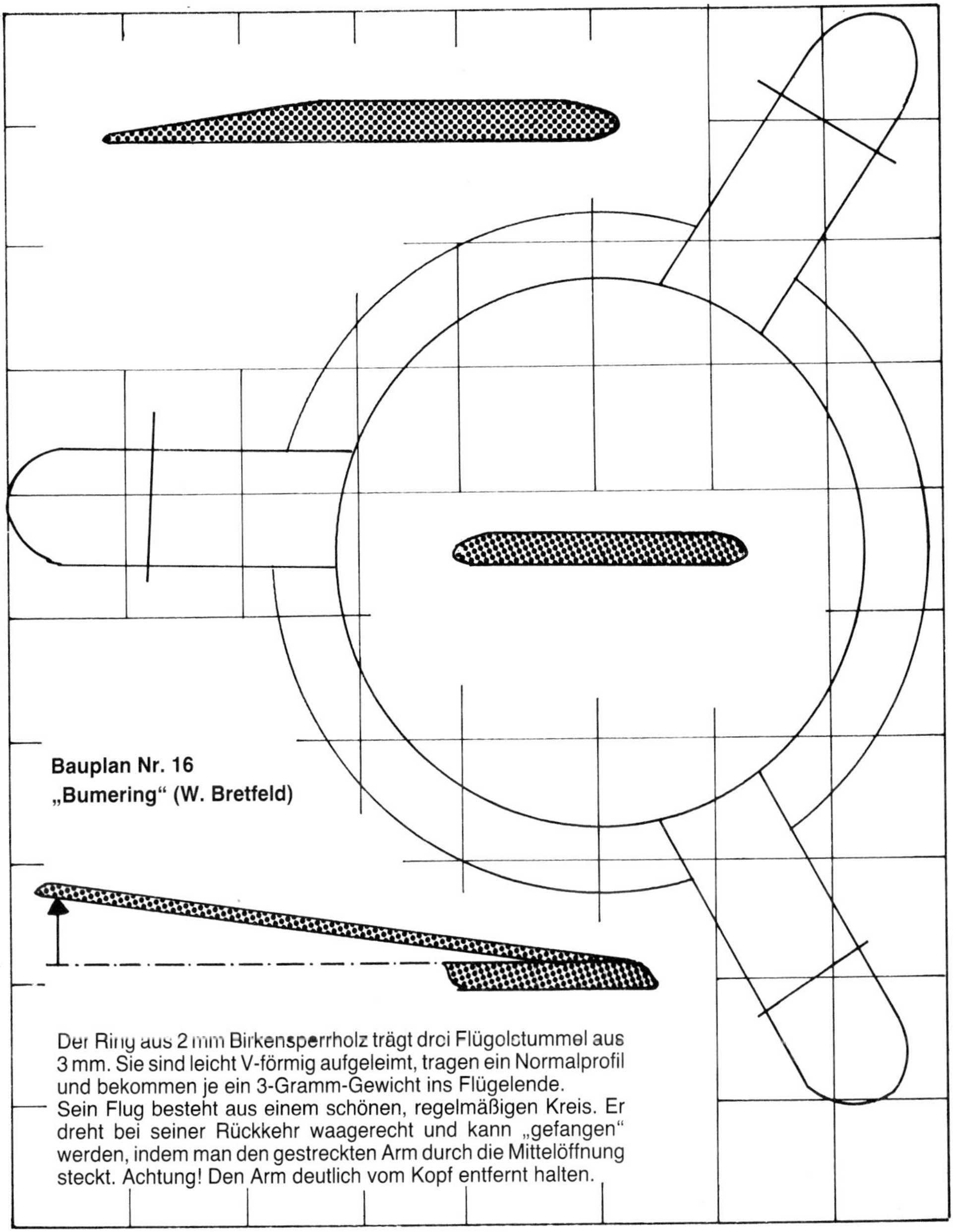

Bauplan Nr. 16
„Bumering" (W. Bretfeld)

Der Ring aus 2 mm Birkensperrholz trägt drei Flügelstummel aus 3 mm. Sie sind leicht V-förmig aufgeleimt, tragen ein Normalprofil und bekommen je ein 3-Gramm-Gewicht ins Flügelende.
Sein Flug besteht aus einem schönen, regelmäßigen Kreis. Er dreht bei seiner Rückkehr waagerecht und kann „gefangen" werden, indem man den gestreckten Arm durch die Mittelöffnung steckt. Achtung! Den Arm deutlich vom Kopf entfernt halten.

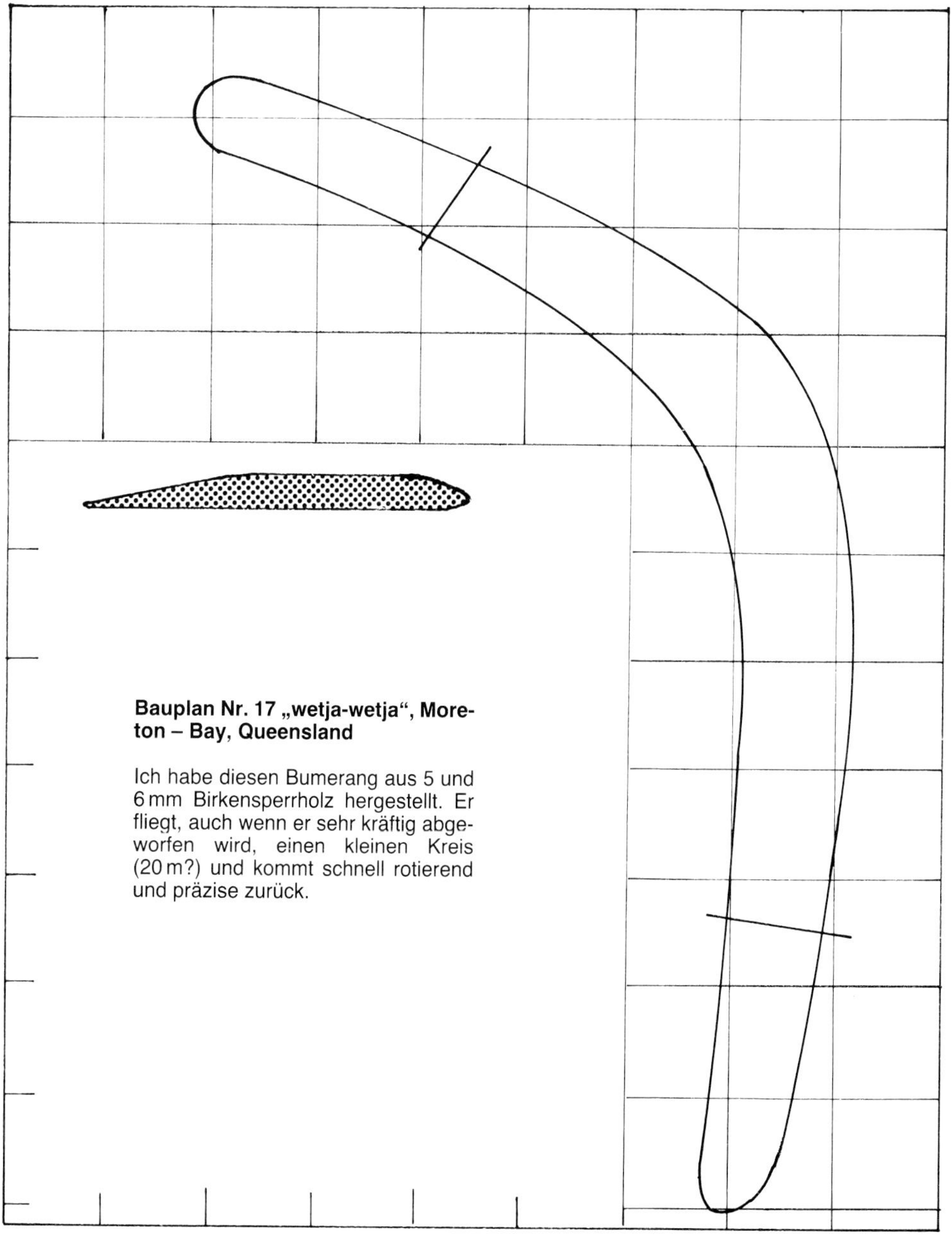

Bauplan Nr. 17 „wetja-wetja“, Moreton – Bay, Queensland

Ich habe diesen Bumerang aus 5 und 6 mm Birkensperrholz hergestellt. Er fliegt, auch wenn er sehr kräftig abgeworfen wird, einen kleinen Kreis (20 m?) und kommt schnell rotierend und präzise zurück.

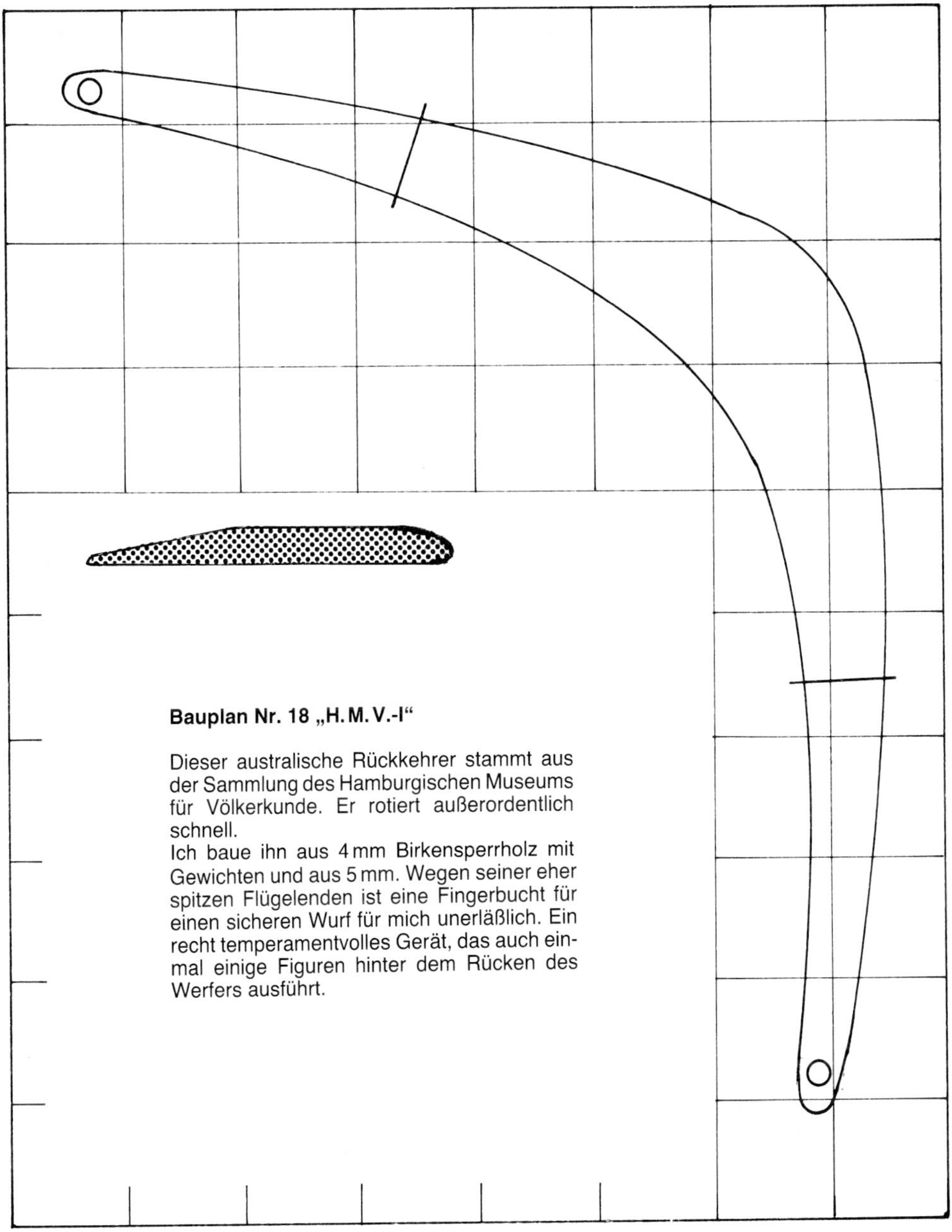

Bauplan Nr. 18 „H. M. V.-I“

Dieser australische Rückkehrer stammt aus der Sammlung des Hamburgischen Museums für Völkerkunde. Er rotiert außerordentlich schnell.
Ich baue ihn aus 4 mm Birkensperrholz mit Gewichten und aus 5 mm. Wegen seiner eher spitzen Flügelenden ist eine Fingerbucht für einen sicheren Wurf für mich unerläßlich. Ein recht temperamentvolles Gerät, das auch einmal einige Figuren hinter dem Rücken des Werfers ausführt.

Für Freizeit und Hobby

Christel Wolczyk
Töpfern auf der Scheibe
Dieses Buch wendet sich an Anfänger und Fortgeschrittene. Sie erfahren alles Wissenswerte über das Rohmaterial und werden dabei langsam in die Technik eingeführt. Ausführlich wird die Vorbereitung des Materials, das Zentrieren, Aufbrechen, Bodenziehen u. v. m. beschrieben. Auch spezielle Arbeitstechniken, wie z. B. das Henkelziehen, kommen nicht zu kurz. 200 meisterhafte Fotos zeigen detailliert alle wichtigen Momente auf und bilden so die Ergänzung zum Text. Das Ergebnis ist ein Lehr- und Arbeitsbuch, das keine Fragen offenläßt.
142 S., 200 Abb., geb.

Ursula Ott
Gestalten mit Ton – Töpfern ohne Scheibe
Alte Kunst – neues Hobby
Töpfern – das ideale Hobby für jung und alt: es ist preiswert, unkompliziert, regt die Phantasie an, zeigt greifbare Ergebnisse – und macht Spaß! Die Autorin führt fachkundig in die „Geheimnisse" dieser uralten Kunst ein.
96 S., 73 meist farb. Abb., kt.

Johannes Braune
Bilderrahmen – gut durchdacht, selbst gemacht
Kieferholzrahmen – Rahmen aus Aluminium – Bilder aufziehen – Furnierte Rahmen – Glaseinfassung – Rahmen mit Korkoberfläche – Passepartoutgestaltung – Lackierung und vieles mehr
95 S., 118 z. T. farb. Abb., kt.

Gerti Lang
Gläser bemalen
Flaschen, Kugeln und Gläser zart verziert
Gläser bemalen ist nicht nur ein Hobby für reiche Leute – auch eine ganze Reihe alltäglicher, gläserner Behälter vom Kaffee- bis zum Marmeladenglas lassen sich in bezaubernde Kunstwerke verwandeln! Gerti Lang beschreibt die Maltechniken, wie man einen Entwurf überträgt und verrät einen Trick, wie man auch in einem glatten, zerbrechlichen Hohlglas eine Vorlage fest anbringen kann. Abgebildete Werkstücke geben einen Vorgeschmack auf dieses wunderschöne Hobby.
78 S., 68 meist farb. Abb., 3 Schrifttafeln, kt.

Hans-Jürgen Zimmermann
Das Zinnfiguren-Handbuch
Idee, Entwurf, Zeichnung, Gravur, Guß, Bemalung, Dioramenbau, Fotografie und Film
„... Ein umfassender informierendes Buch über das vielseitige Gebiet der flachen Zinnfiguren gibt es zur Zeit nicht."
(Modell Magazin)
166 S., 130 meist farb. Abb., geb.

Johannes Braune
Holzspielzeug zum Selbermachen: Vom Greifring bis zum Hampelmann
Dieses Buch enthält Bauanleitungen zum problemlosen Nachbau von Spielzeug für Kinder von 0-6 Jahren, es vermittelt aber auch Grundsatzwissen und Fertigkeiten, die zum Bau von Kinderspielzeug nach eigenen Entwürfen führen können.
79 S., 88 z.T. farb. Abb., kt.

Prospekt erhalten Sie kostenlos von Franckh/Kosmos, Postfach 640, 7000 Stuttgart 1.

FRANCKH
KOSMOS
Verlagsgruppe

In Ihrer Fach/Buchhandlung!